# Escribamos Cuentos

Cómo escribir un cuento,
paso a paso.

Colección Oruga

## Autores de LetraRoja Publisher

José A. Carbonell Pla
Juan R. Martos Muñoz
Carlos Dueñas Aguado
Rosario Barros Peña
Rafael García Jolly
Vicente A. Vásquez Bonilla

LetraRoja Publisher

Orlando, Florida

# ESCRIBAMOS CUENTOS

*Cómo escribir un cuento,*
*paso a paso.*

Publicado por LetraRoja Publisher
PO BOX 770039
Orlando, Florida 32877 – 0039
*www.letrarojapublisher.com*

Proyecto y edición: Dr. Miguel A. Castro
Coordinación de autores: José A. Carbonell

Derechos reservados © Dr. Miguel A. Castro, LetraRoja Publisher

Diseño de cubierta: © 2008 TLC Graphics, *www.TLCGraphics.com*
Cubierta: Tamara Dever

Diseño interior: Juan R. Martos

Primera edición 2008

ISBN 978-09785841-4-6

Número del Control Librería del Congreso  2008932475
LCCN

Impreso en USA

# Escribamos
# Cuentos

Cómo escribir un cuento,
paso a paso.

ORLANDO, FLORIDA

# Índice

Escribamos cuentos

# Preámbulo
## para padres y educadores

*"Érase una vez..."*

Así empezaban muchos de los cuentos infantiles que nuestros abuelos nos contaban cuando éramos niños. Desde entonces, en nuestro subconsciente, esa frase tiene por sí misma el valor de un hechizo que nos atrapa y nos predispone a disfrutar de una historia nueva. El cuento forma parte de nuestro pasado más hermoso, y se me hace difícil creer que los niños de hoy, a pesar del mundo cibernético en que se desenvuelven, no tengan necesidad de ese instante de fantasía con que alimentar su hambre de sueños.

El niño es creativo por definición, pero los modernos planes de educación no ponen a su alcance los medios necesarios para dar rienda suelta a esa creatividad. Por eso, hoy, en la primera década del siglo XXI, un puñado de escritores hispanoamericanos en quienes aún vive el niño que fueron, han decidido crear una obra sencilla y asequible a los más pequeños, pero útil también para los mayores; didáctica y a la vez amena y divertida, con la que poner al alcance de cualquier joven los conocimientos básicos imprescindibles para crear sus propios cuentos.

El protagonista de **Escribamos cuentos** no podía ser otro que un abuelo. Se llama **Dumas** y es el abuelito de la oruga Trofa (protagonista del anterior volumen de esta colección). Él se encarga aquí de conducir al lector por el hermoso mundo del cuento y abrirle de par en par las puertas de sus secretos.

Creatividad. Ésa ha sido la consigna clave en la elaboración de esta obra. Nos hemos empeñado en estimular la capacidad creativa

de los niños y jóvenes, a quienes la técnica ofrece hoy tanta solución fácil y tanto mecanismo deshumanizador.

Los autores de **Escribamos cuentos** partimos de la base de que el niño no se adentrará en sus páginas en solitario. Si bien se ha puesto todo el empeño en que el lenguaje sea asequible a su entendimiento, creemos muy recomendable que se vea acompañado y alentado por un adulto. Es la forma de extraer de esta obra el máximo provecho para el joven principiante, algo que él, sin duda, jamás olvidará.

Por encima de las lógicas dificultades de coordinar un equipo numeroso de magníficos escritores, me queda la profunda satisfacción de haber trabajado con quienes, ante todo, son mis amigos: Vicente A. Vásquez (Guatemala), Rafael García (México), Rosario Barros (España), Juan Ramón Martos (España) y Carlos A. Dueñas (Cuba). A ellos deseo agradecer su dedicación al proyecto, que durante muchos meses nos ocupó e ilusionó. Y, por supuesto, mi más sincera gratitud al impulsor y editor de la Colección Oruga, Miguel A. Castro (EEUU), que supo despertar una vez más en nosotros la ilusión por escribir una obra útil, necesaria y apasionante.

*José Antonio Carbonell*
*(España)*

# La oruga Dumas

Querido aprendiz de escritor:

Estoy seguro de que recuerdas a la oruguita Trofa, que te enseñó a escribir poesía en el primer libro de esta colección. Pues bien, yo soy su abuelo y me llamo Dumas. Bueno, más bien me llaman así desde que era muy pequeño, en homenaje al gran escritor Alejandro Dumas. Al final me quedé con este apodo y ya ni yo mismo recuerdo cuál era mi verdadero nombre.

Mi familia me puso este apodo a causa de mi gran afición a leer y escribir cuentos. Llevo toda la vida haciéndolo; por eso ahora seré para ti un buen profesor si de verdad quieres aprender a escribir.

*El abuelo Dumas*

De tanto andar entre cuentos e historias fantásticas, tropecé una vez con un hada que lanzó sobre mí un hechizo que me impide hacer la metamorfosis, es decir, convertirme en mariposa, hasta que cumpla con dos misiones. Una de ellas es encontrar a mi nieta Trofa. Esto es algo que yo me disponía a hacer sin necesidad de hechizos, porque la echo mucho de menos. Seguramente también ella me necesita. Me dijeron que vive en la biblioteca de un poeta, perdida entre libros de poemas.

Reconozco que es un verdadero placer cumplir con el segundo mandato del hada para lograr mi metamorfosis. Consiste en que, mientras busco a mi nieta, tengo que ir explicando a los niños todo

lo que necesitan saber para convertirse en escritores. Y esto es lo que vamos a hacer en las páginas de este libro que ahora empiezas a leer, querido amigo. Yo no dejaré en ningún momento de buscar a Trofa, pero entretanto, te iré contando cuentos y me serviré de ellos para explicarte el modo en que los buenos escritores consiguen crear esas historias que tanto nos gustan.

Una vez que haya cumplido los dos mandatos del hada, el hechizo desaparecerá y entonces me convertiré de oruga adulta en mariposa. Tendré alas y bonitos colores, podré volar y seré libre y feliz como nunca junto a mi querida nieta Trofa.

Verás cómo disfrutamos juntos aprendiendo la técnica de la narrativa breve. No te costará ningún esfuerzo. Bastará con que pongas un poco de tu imaginación y, eso sí, muchas ganas de crear hermosos relatos que luego podrás compartir con todo el mundo.

Estoy encantado de ser tu maestro y sé que para ambos será divertido. Atento a todo lo que voy a explicarte. Empezamos en el mismo instante en que vuelvas la página.

# CAPÍTULO 1

# Escribir es vivir

## • Las palabras y su magia

Antes de hablar de la escritura quiero que pienses en las palabras y para qué sirven. Alguna vez me imaginé que era una oruga prehistórica y todavía no se inventaba el lenguaje. Como no podía decirle a las otras orugas de cuál de todos los árboles había sacado la suculenta manzana que estaba comiendo, trataba de dibujarlo y de señalarles la dirección donde se encontraba.

¡Qué diferente es ahora! Al decirte *manzana* no necesito mostrarte una para que sepas que se trata de esa fruta roja y jugosa que tanto me gusta. Las palabras tienen esa magia, nos ayudan a que los demás entiendan lo mismo que nosotros sin necesidad de tenerlo enfrente, y menos mal que dije *manzana* y no *tigre*, que si te lo tuviera que mostrar nos comería a los dos.

Existen muchísimas historias de escritores, en tiempos y países diferentes; unos famosos y otros no tanto; pero todas ellas están unidas por un elemento común: Ellos lograron darle forma a las palabras.

Si ya existen tantos y tantos escritores y relatos, tal vez te preguntes **¿por qué escribir?** Sinceramente, no puedo contestarte a esa difícil pregunta, pero puedo preguntarte yo:

No creas que trato de escapar a la pregunta principal, pero existen tantas respuestas como escritores podamos encontrar.

¿Alguna vez te ha pasado que platicas sobre una aventura divertida y al contarla te vuelves a divertir? Pues ahí hay un motivo para escribir.

Para que lo entiendas mejor, vamos a leer una pequeña historia sobre unos niños como tú.

### El campamento

Juan y sus amigos estuvieron planeando el campamento durante toda la semana, pero él se cayó de la bicicleta y se rompió el brazo justo un día antes de partir, así que no tuvo más remedio que despedirlos con su brazo enyesado mientras ellos se alejaban con sus mochilas al hombro.

Esperó con ansias toda la semana hasta que ellos volvieron. Tan pronto como vieron a su amigo, corrieron a saludarlo y entre todos le platicaron qué hicieron en el campamento. Para Juan fue como si hubiera estado allí, y sus amigos volvieron a divertirse mientras le contaban los detalles…

Ahí está nuevamente **la magia de las palabras, que transforman los recuerdos y pensamientos en historias**.

Pero las historias no siempre se han escrito. Antes, cuando la mayoría de la gente no sabía leer, se contaban de viva voz anécdotas de batallas y de aventuras por tierras lejanas. Los que habían escuchado las historias se las contaban a otros y ellos a otros. Era frecuente que cada quien lo platicara con ligeras variantes, pues no se acordaba con exactitud de todo lo que había escuchado, de modo que, al cabo del tiempo, la historia que se relataba no se parecía mucho a los hechos que le habían dado origen.

La escritura nos permite conocer una historia tal como fue narrada originalmente, sin las omisiones y añadidos que le podría dejar la difusión oral.

¿Verdad que eso es magia?

## • De la imagen a la palabra

Trata de imaginarte la escena de Juan con sus amigos al regreso del campamento. Uno le platica del lago y otro de la pared para escalar, el tercero le cuenta de la fogata y los bombones asados, pero Juan no entiende nada. Poco a poco, conforme ellos se van acordando de los detalles y se los cuentan, Juan se forma una idea completa del campamento, como si él mismo hubiera asistido. Así surge cualquier relato, de una idea.

Es probable que al principio la imagen no esté clara —como en el caso de Juan— y el relato no alcance a tomar forma, pero al ir avanzando, poco a poco se irá dibujando la escena mediante las palabras.

Cuando uno escribe tiene que ser diferente. Es necesario **que el escritor sepa desde el principio qué es lo que quiere contar**, cómo ocurrió, quiénes estaban y en dónde. Así podrá describir el lugar y la situación, los hechos y las reacciones de los personajes, su aspecto, sus movimientos y hasta lo que están pensando.

La imagen.se forma en la mente del escritor y sólo él sabe de dónde proviene. Puede ser de su propia experiencia, algo que le pasó o que presenció, pero también puede venir de su interior, de sus sueños, sus anhelos o hasta de sus temores.

Si quieres ser escritor deberás fijarte muy bien en tu entorno y en cada uno de los elementos que lo forman, en los movimientos y ac-titudes de las personas, en las situaciones que se producen entre ellas, en sus gestos y en su tono de voz; en los sonidos y sensaciones que te rodean. Mientras más atención pongas en todos esos detalles, más fácil te será poder describirlos después y lograr, mediante las palabras, darle forma a la imagen. Yo paso mucho tiempo del día observando lo que me rodea, no importa dónde me encuentre. Hazme caso y verás que tengo razón.

## • Tú tienes mucho que contar

Estoy seguro de que siempre habrá algo nuevo que contar. ¿Alguna vez te has sentido triste y platicaste con alguien sobre eso que te preocupaba? A mí me pasa lo mismo, a pesar de mis muchos años.

> **Cuando platicas sobre lo que te pone triste, poco a poco vas sintiéndote mejor.**
> **O cuando hablas sobre un problema y mientras lo vas contando se te ocurre la solución.**

O cuando sueñas cosas extrañas y se lo cuentas a alguien, y entonces el sueño se vuelve divertido.

O cuando tienes una pesadilla y sólo se te quita el miedo después de que se la platicas a mamá y te das cuenta de que no es real.

Pues algo parecido pasa cuando escribes. Es como platicarlo contigo mismo.

¿Qué más se puede contar? Haz una lista de cosas que podrías contar.

Cuando yo aún era una oruga-niño, varias noches soñé que me encontraba perdido en una cueva y comenzaban a salir arañas, muchas arañas. Yo trataba de huir y las arañas me seguían hasta un precipicio y yo tenía que caminar por un pequeño borde, muy angosto, para llegar al otro lado, donde estaba mi familia. Mientras caminaba al borde del desfiladero, con las arañas siguiéndome, empezaban a volar murciélagos a mi alrededor. Yo podía sentir el aire de sus aleteos cerca de mi cara sin poder hacer nada por espantarlos.

Algunas veces despertaba en ese momento y otras trataba de saltar a la otra orilla, pero no lo conseguía y mi sueño se interrumpía con la sensación de caer hacia el vacío.

Recuerdo que despertaba llorando y mi mamá me abrazaba y me preguntaba qué era, pero yo no quería platicarle sobre la pesadilla. Por fin, un día me atreví y le platiqué la escena de las arañas y los murciélagos y me empecé a sentir mucho mejor, se me quitó el miedo y nunca más volví a soñar con lo mismo.

Me hubiera gustado poder escribir en aquel entonces sobre ese temor que me atormentó varias noches, porque hoy sólo me acuerdo de los pocos detalles que te he contado. Ésa es una de las principales ventajas que nos proporciona la escritura: **la memoria a futuro**.

Te propongo un ejercicio interesante y divertido. Imagínate que tú eres el que está entre las arañas y los murciélagos, atravesando el precipicio. ¿Cómo terminarías la historia? Toma tu libreta y escríbela.

## • ¿Cuándo es bueno comenzar a escribir?

Muchos escritores famosos —y otros no tanto— comenzaron a escribir desde pequeños. Por supuesto que en sus inicios no eran tan buenos escritores, pero poco a poco fueron adquiriendo la experiencia y las habilidades para poder hacerlo. (Y ninguno de ellos tuvo a un maestro como yo... ¡Ejem! ¡Ejem!).

Entre muchos podríamos citar a Mark Twain, García Márquez, Cortázar, Edgar Allan Poe, Adolfo Bioy Casares, Rosario Castellanos, Juan José Arreola y una larga lista de escritores que comenzaron a recrear historias con la palabra escrita desde pequeños.

Existen muchos otros que empezaron más grandes y son igual de buenos —o más— que los primeros. Lo importante no es la edad en la que comiences a escribir, sino que te atrevas a hacerlo, la

constancia y el gusto con que lo hagas.

> • Atrévete • Imagina • Sueña • Comparte
> • Sé constante • Vive y escribe

## • Manos a la obra

En este libro te ayudaré a que descubras a ese escritor que llevas dentro. Te daré algunos consejos prácticos y te platicaré sobre conceptos sencillos que te ayudarán a lanzarte a la aventura de escribir. Para que esto funcione, sólo es necesario que digas convencido:

# CAPÍTULO 2

# Cómo escribir

## • Cazar emociones para compartirlas

Cuando cumplí ocho años, mi padrino me hizo dos regalos: un cuaderno pequeño, de tapas duras cerrado con una goma y una libreta grande con una manzana roja en la portada y muchísimas hojas en el interior. Yo quería una bicicleta y me puse triste. Él se agachó hasta mi altura y dijo:

El pequeño es un caza emociones y el grande una caja para vivirlas muchas veces.

Entonces no lo entendí, pero ahora que soy viejo creo que aquél fue el mejor de los regalos.

En mi cabeza hay muchos recuerdos desordenados, pero en mis cuadernos están los mejores y ésos no se perderán nunca. A alguien que te quiera mucho, pídele que te regale esos dos cuadernos y acostúmbrate a usarlos todos los días. El pequeño, al que le añadirás un bolígrafo, llévalo siempre contigo y úsalo.

A un cazador no le valdría de nada la escopeta si no llevase la mirada alerta y el oído atento para descubrir el rastro de los leones o de los conejos. A un caza emociones tampoco le basta con el cuaderno y el bolígrafo. **Hay que saber mirar. Es preciso hacerse preguntas:** ¿Por qué la profe de inglés está hoy más callada que de costumbre? ¿Por qué tu padre mira a tu madre con una sonrisa diferente? ¿Por qué no está hoy ese hombre que siempre toca el acordeón en la esquina de tu calle?

**Invéntate respuestas** y sigue atento para ver si era cierto lo que pensabas. Emociónate con las emociones de los demás y con tus alegrías y tus decepciones. **Captura realidades.** Convierte estos momentos en frases cortas o en dibujos mínimos, para recuperarlos a tu antojo.

| Una frase: | *El accidente*<br>*Las velas de Fran*<br>*Un diez en Historia*<br>*El flotador roto*<br>*Inés* |
|---|---|

| Un dibujo: | *Cuatro líneas de un zapato suelto*<br>*La risa de Fran en su cumpleaños*<br>*El gesto sorprendido de tu padre ante tus notas*<br>*La altura de las olas cuando el flotador se rompió*<br>*La alegría de esa Inés en la que pensaste muchos meses* |
|---|---|

Las últimas páginas de mi cuaderno pequeño tienen algunos poemas de mi nieta Trofa y guardan su sonrisa. Lo abro todos los días para sentirla a mi lado. Ella tiene un cuaderno igual, con palabras mías, con el dibujo de mis gafas y de mis ojos cansados. Todas las noches, miro el cielo y observo la luna. Sé que ella también lo hace con todos nuestros recuerdos entre los dedos, y es como si estuviéramos juntos.

## • Conservar emociones y rehacerlas con palabras

Ya sabes cazar. Ahora te enseñaré a conservar las piezas para después compartirlas.

¿Has anotado algo en tu cuaderno pequeño? ¡Hazlo ya! No es preciso que sea un hecho importante. Hablamos de emociones. ¿Qué hace tu madre ahora mismo? ¡Compruébalo! ¿Una tortilla? Lo hace a menudo, ¿verdad?, pero la de hoy es especial porque inaugura tu cuaderno: "La tortilla de mi madre".

Dentro de muchos años, leerás esa frase y se te vendrá al pensamiento el burbujear del aceite, el ruido del batidor, la luz gris que entraba por la ventana y, sobre todo, la mirada de tu madre que parece sumida en el recuerdo. Pero puedes darle más fuerza a esa emoción futura, recreándola para compartirla con ella. Para eso tienes el segundo cuaderno. Estás en la primera página. Escribe tu frase y cuenta lo que ves alrededor de ella para guardarla.

## La tortilla de mi madre

A mi madre le brillaban los ojos mientras batía los huevos. Recordaba las gallinas que entorpecían el camino buscando caracoles entre la hierba. Con sus alas abiertas hacían techos para los polluelos mientras hurgaban en la tierra para buscar gusanos blandos y suaves.

Las patatas flotaban en el aceite que hacía burbujas. Mi madre les daba la vuelta y sonreía como si viese la imagen de una mesa puesta, con muchos niños alborotando alrededor y rostros serios de adultos silenciosos.

Yo la miré mucho rato desde la puerta. No quería interrumpirla, pero las patatas olían demasiado bien, de modo que me acerqué y con un movimiento rápido cogí una patata de la sartén. Ella alzó su mano para impedírmelo, pero yo ya tenía la patata entre los dientes y soplaba para no quemarme la lengua. Ella rió. Sacó un grupito de patatas con la espumadera y las puso en un plato. Le acaricié la mano y mientras las patatas se enfriaban coloqué los platos y los vasos sobre la mesa, que ya tenía el mantel puesto.

Pero esto no es un cuento, sino la imagen de una emoción. Observa lo que ocurre cada día a tu alrededor. Captura algo que te emocione en una frase e inaugura tu cuaderno pequeño. Luego amplía el momento, dale forma con las palabras que se te ocurran y escríbelo en tu cuaderno grande. Es tu primera pieza y como buen cazador necesitas enseñarla. Comparte tu escrito con tus padres, con ese hermano mayor que siempre te llama renacuajo, con la profe que suele decirte que eres un desastre; enséñaselo a Inés, cuando aparezca en tu vida.

### • Emociónate con la vida diaria

Algunas personas creen que para emocionarse hay que vivir grandes aventuras en países lejanos y, cuando un día piensan en escribir cuentos, lo hacen inventando las calles de Nueva York, las llanuras del interior de África o las cumbres de los Andes.

Las emociones más valiosas están siempre a tu lado. Tu casa puede ser un castillo lleno de misterios. Quizás detrás de las estanterías que guardan los libros hay un pasadizo secreto que comunica con el piso de al lado. Es posible que en el interior de alguno de esos libros exista un mensaje. ¿Qué son esos ruidos que se escuchan en el baño? ¿Quién es ese vecino nuevo que ayer viste en el ascensor?

> • Observa • Emociónate • Guarda en frases
> • Imagina • Escribe en tu cuaderno

**Escribe sobre lo que piensas, lo que te ilusiona y también para alejar tus pesadillas.**

Las personas estamos hechas de palabras. Tenemos que compartir nuestras alegrías y nuestras penas. Observa a quienes te rodean. Te darás cuenta de que los que hablan y se comunican son más felices. Quienes se esconden detrás del silencio están cada vez más solos y más tristes.

Tú, que eres cazador de emociones, que sabes guardarlas concentradas en frases y en bocetos, tienes que aprender a compartirlas, para que otros las vivan contigo.

Algunos chicos valoran muy poco la magia de las letras. Para ellos sólo son problemas unidos a los estudios. Que si la *be*, que si la *uve*, que si esta palabra lleva *hache* y esta otra va sin ella. No pueden entender que sea un **horror** escribir **error** con *h* y lamentan el tiempo que les parece que pierden mientras estudian.

Pobrecillos, ¡qué equivocados están! Te lo digo yo que vivo de esa magia. Por eso estoy aquí contigo, para ayudarte a pensar, para intentar que descubras todo lo que puedes hacer.

Es importante que primero cuentes hechos que conoces. Relata algo que le ha ocurrido a tu cartero, a Don Hilario, el *profe* de Conocimiento del Medio, o a ti mismo.

Podrías empezar narrando lo que te ocurrió en el hipermercado.

Pero aquello fue un hecho y tú vas a escribir un cuento. Entonces, **empezaremos a hacer literatura y para eso tendremos que inventar**.

Puedes contarlo en primera persona: «Llegué al hipermercado con mi madre» o en tercera: «Juan llegó al hipermercado con su madre». Tienes que decidir qué historia quieres contar: ¿Un cuento de miedo? ¿Uno de fantasmas? ¿Uno de aventuras?

Uno de miedo estaría bien, contado en primera persona, desde tu propio miedo. Decide si vas a ser un chico valiente o un cobarde, si el miedo estará justificado o sólo lo tendrás en tu imaginación. Piensa si eres un chico que se siente muy querido por su familia o si tienes celos de ese hermano que acaba de nacer. Tienes que ima-

ginarte a tu personaje tanto en su físico como en su manera de ser y de pensar. Ten en cuenta que, aunque escribas en primera persona, tú eres solamente el narrador, y el que está en el hipermercado es tu personaje.

**Empecemos:**

Habíamos ido al hipermercado, uno muy grande donde había montañas de estanterías llenas de todo lo que se puede imaginar. El coche se quedó en el tercer sótano y yo apunté en mi mano el número del sitio, para sorprender luego a mis padres. Cogí el carro más grande e intenté subirme, pero mi madre me lo impidió. «Ya tienes ocho años», dijo. Mi padre me guiñó un ojo: «Los hombres nos vamos a ver la parte de informática», explicó. Y mi madre se quedó sola, seguramente triste por haberme reñido.

La informática me pareció un rollo. Dejé a mi padre y me fui en busca de algo más interesante. Los chocolates. Había montañas de cajas, toneladas de tabletas. Cogí una de chocolate negro con almendras, la abrí y me comí una onza, luego otra y otra. Me senté en un rincón y seguí comiendo. De pronto, se apagaron las luces y por los altavoces dijeron que iban a cerrar. Se encendieron otra vez, pensé que había sido una broma y cogí una tableta de chocolate con fresas.

- 25 -

Lee lo escrito. ¿Es eso lo que quieres contar? ¿No resulta extraño que los padres del chico no se hayan preocupado por él? ¡Ah! No tiene nombre. Habrá que ponérselo y hacer algo, porque el hipermercado va a cerrar de verdad.

**Sigamos:**

El estómago empezó a dolerme y se me nublaba la vista. Las luces se apagaron otra vez, y otra vez se encendieron. Por los altavoces oí mi nombre: «Se ha perdido un niño. Tiene ocho años y se llama Tomás. Es rubio, de ojos azules y lleva un suéter rojo y un pantalón azul. Sus padres le esperan en la caja número uno». Intenté levantarme, salir de mi rincón y correr junto a mis padres, pero mis piernas no tuvieron fuerzas. Quise gritar y me faltó la voz. Mi estómago parecía un volcán con todo el chocolate convertido en lava rugiente.

Oí por el altavoz la voz llorosa de mi madre y la autoritaria de mi padre, mientras yo me apretaba el estómago con las dos manos con la intención de vaciarlo. Luego hubo mucho alboroto. Todos los empleados del hiper corrieron por los pasillos, pero ninguno se acercó a mi rincón. Yo sentía el estómago como el del Lobo de Caperucita. No veía nada y dejé de oír.

No te pasó nada. Todos lo saben, porque eres tú quien lo cuenta, pero tus lectores sentirán miedo, porque tienes ocho años, estás solo y tienes el estómago destrozado.

¿Y ahora qué? ¿Castigaremos a Tomás por haberse separado de sus padres y por ser un tragón? ¿Le obligaremos a pensar? ¿Buscará ayuda?

**Continuemos:**

> Todos se habían ido. El volcán de mi estómago crecía y crecía. Y mi rabia también. Imaginé a mis padres en casa, contentos, jugando con mi hermano. Al fin, se habían librado de mí y serían para él todos mis juguetes, y mi cuarto y mi sitio en la mesa. Ahora entendía por qué mis padres no habían querido regalarme el móvil y por qué no me habían comprado el uniforme, aunque el curso iba a empezar. Lo habían hecho a propósito. Se habían cansado de mí. Empecé a llorar y quise morirme allí mismo, con el volcán de chocolate en el estómago, para que mis padres se sintieran culpables de haberme abandonado.

Veo que nos hemos decidido por un chico llorón y cobarde que echa a los demás la culpa de sus errores. Esto habrá que resolverlo. En un cuento, el personaje principal ha de cambiar. No se cuenta una historia para nada. Hemos empezado un relato, ha ocurrido algo y hay que solucionarlo. Es de obligación.

**Un paso más:**

Pasó mucho, mucho tiempo. No podía moverme. Allí cerca había unas cajas de cartón vacías. Me hubieran servido de abrigo, como las de los pobres en las calles, pero no quise refugiarme en ellas porque a lo mejor me metían en el contenedor sin darse cuenta. Tiritaba y empecé a rezar las oraciones que estaba aprendiendo para la Primera Comunión. Total, no me iban a servir para otra cosa. Prometí, no sé a quién, que si podía volver a casa jamás desobedecería ni gritaría. Y haría todos los deberes sin protestar. Prometí que le daría todos mis juguetes a mi hermano. Luego, el volcán estalló y todo el chocolate se desparramó sobre mi ropa y el suelo con un olor asqueroso.

¿Y ahora qué? Nuestro Tomás ya ha aprendido. Podemos terminar el cuento así o darle otra vuelta de tuerca y meter en el hiper a un par de ladrones que atacan al guardián y entran para robar. Ellos pueden raptar al chico y pondríamos a prueba su valentía para convertirlo en un héroe. Pero es nuestro primer cuento y dejo el final para ti. Piénsalo bien. Trata de sorprender. Deja claro que el susto valió la pena, que algo importante ha cambiado en la relación de Tomás con sus padres y en la visión que el chico tiene de sí mismo.

> • Narra lo que conoces • Inventa historias
> • Créelas y otros las creerán

# • Para contar hay que saber cómo

**Lo básico:**

Nada de faltas de ortografía, nada de repetir palabras.

*A Manuel le daba <u>miedo</u>, porque él siempre fue <u>miedoso</u> y estaba muerto de <u>miedo</u>.*

Ésta no es la forma de redactar que te llevará a escribir cuentos.

Olvídate de las rimas, que pertenecen a los poemas. En prosa no digas nunca:

*Ram<u>ón</u> era un tontorr<u>ón</u> que comía jam<u>ón</u>.*

Aprende a describir lo que ves. No digas: «Juan era muy alegre». No todos tenemos el mismo concepto de la alegría. Muéstrala.

*Juan andaba siempre riendo y haciendo bromas. De su cara nunca se borraba la sonrisa.*

Nadie verá lo que tú ves si dices: «Hacía muchísimo viento». ¿Cuánto es muchísimo para ti? Hazle sentir ese viento a tu lector:

*A la niña se le habían caído los lazos y el pelo le cubría los ojos. Caminaba despacio y en las esquinas se sujetaba a las paredes para no caer. Toda la calle estaba llena de papeles y bolsas de plástico que giraban sin parar.*

**Hay que leer, leer mucho:**

¿Te gusta leer? ¿Cuántos libros has leído sin que te mandasen? La lectura tiene infinitos aspectos. Quizás los dos más importantes

son los de ser la base de la cultura y una de las mayores fuentes de placer. ¿Lo has descubierto ya? Muchas personas no conocen la segunda parte y por eso renuncian al contacto con los libros. Espero que no seas tú una de esas personas, porque entonces nunca podrías ser escritor de cuentos.

Intenta recordar el libro que más te ha gustado. ¿De qué trataba? ¿De aventuras? ¿De miedo? ¿De fantasmas? ¿Era un libro para niños? ¿Crees que el autor se sentía niño cuando lo escribió?

Vuelve a leer ese libro y mira lo que más te gusta de él. ¿Lo hubieras terminado de la misma forma? El personaje principal, ¿se parece a alguna persona que tú conoces? ¿Qué le cambiarías?

**Piensa en lo que has leído y en lo que te gustaría leer.**

Te propongo un juego. Hay muchísimos cuentos que todos conocemos. Están escritos hace años y años y a todos nos encantan. Pero, ¿podríamos adaptarlos a nuestro tiempo? Juguemos. Elige un cuento que sepan en tu casa, que conozcan tus amigos, que hayáis leído en clase. Léelo con mucho cuidado. ¿De qué habla? ¿Cómo son sus personajes? ¿Cuál es la historia que encierra? ¿Crees que es una buena historia?

En los buenos relatos siempre se manejan dos historias: la que se cuenta y otra que se deja entrever. Por ejemplo: Juan se enfada con su amigo Luis porque no le prestó unos apuntes, pero la verdad es que Juan prefiere estar solo para poder hablar con Laura, la nueva compañera.

Elige un cuento de un libro y descubre cuál es la historia que está por debajo de la principal. Haz un cambio y convierte la historia escondida en la principal.

Lee un relato clásico y cuéntalo con personajes y acciones actuales. Invéntate una aventura para ella. ¿Cómo sería tu lobo? ¿Cuál sería el final de tu cuento?

Quizás pienses que esto de leer complica un poco tu afición por escribir, pero si lo miras despacio te darás cuenta de que estamos hablando de un trabajo que repercutirá en muchos aspectos de tu vida.

**¿Has descubierto lo mucho que la lectura te ayudaría en los estudios?**

¿Qué ocurre cuando estudias Historia, Conocimiento del Medio, Matemáticas o cualquier asignatura de tu curso? Que te aburres y te parece un rollo. ¿Y sabes por qué? Porque los estudios también están formados por dos historias: los conocimientos que precisas para los exámenes y aquéllos que te servirán para vivir, que son los mismos aunque tú no te lo creas.

**La lectura te ayuda a conocer otros mundos y a desear recrearlos.**

¿Te has preguntado alguna vez por qué dos ciudades fundadas casi al mismo tiempo en lugares muy cercanos crecen de forma distinta? Observa a tu alrededor y piensa. ¿Quizás la que ha multiplicado por cien los habitantes del principio tiene un toque mágico? Lo más probable es que no, pero puede tener un río que la comunica con el mar. O una carretera de la que otra carece. O un rey la convirtió en capital de un territorio.

**Escribe la historia supuesta de tu ciudad.**

Imagina de qué forma se creó tu barrio. Dales nombre y aspecto físico a las personas que vivían en la zona antes de que asfaltaran las calles y se levantaran los edificios.

Sonríe. ¿Te das cuenta de que escribir no resulta difícil? No olvides que la práctica es lo que nos hace maestros. Escribe y lee. Lee y escribe. Te harás popular entre tus compañeros y conseguirás mejores resultados en tus exámenes. Y, lo más importante, te divertirás.

*Ahora debo seguir buscando a mi nieta.*
*¡Trofaaa!*
*¿Dónde estáaas?*

# Capítulo 3

# ¿Qué es un cuento?

Buena pregunta. Si se la hiciéramos a varios autores reconocidos, a buen seguro cada uno de ellos daría una respuesta totalmente distinta. Pero yo te daré la mía:

**El cuento es una narración corta que gira en torno a un solo hecho o acontecimiento. Generalmente, en ella participan pocos personajes, que están relacionados de forma directa con el suceso principal.**

Debes tener presente que un cuento no es una novela ni tampoco es el resumen de una novela. El cuento es una forma breve de narración con una serie de características propias que lo distinguen de cualquier otro género literario.

Para que comprendas mejor mi anterior definición, te diré algunas de esas características:

- Su **pequeña extensión**.
- Se trata de una **historia completa**, con principio y final, porque en el propio texto empieza, se desarrolla y acaba lo que se quiere contar.
- Se escribe con la intención de que sea **leído de una sola vez**, sin interrupción.

Para que un cuento lo sea debe relatar hechos inventados o imaginados por la mente de quien lo escribió. Este tipo de relatos imaginarios muchas veces tienen una moraleja o enseñanza final, mientras que en otros casos su propósito es puramente recreativo. De todos ellos te voy a ir hablando en este libro. Verás de qué forma tan sencilla aprenderás a escribir relatos. Es fácil y divertido, y todos disfrutarán al leer tus creaciones.

El cuento debe ser conciso y narrar sólo aquello que tiene verdadera importancia en la historia. Se trata de contar, con pocos personajes, un relato que despierte interés, que cautive al lector y lo mantenga en vilo hasta el final. Por eso es muy importante seleccionar cuidadosamente qué contamos y qué omitimos, qué es preciso decir y qué podemos eludir.

Cuando escribimos reproducimos con mínimos cambios aquello que hemos vivido, que hemos soñado o que hemos imaginado, y lo plasmamos en un papel para poder compartirlo con otras personas. Si queremos que el lector viva nuestro cuento, debemos tener muy presentes las señales del lenguaje —las palabras, los ritmos, las metáforas...—, y éstas han de ser claras, nítidas y suficientes; si son vagas, descuidadas, confusas o si no bastan para mostrar lo que queremos presentar, nuestro cuento será desconcertante y acabará molestando o aburriendo.

> El objetivo primordial es que el lector entienda lo que se cuenta y lo viva como una historia propia.

En la mayoría de los cuentos podemos apreciar tres partes: el principio, donde se nos dan a conocer los antecedentes de la historia y sus personajes; el nudo, que es el relato de los hechos; y el desenlace o final. Todas ellas deben aportar algo al desarrollo del relato, por lo tanto, todos los hechos que se narran o los elementos que se incluyen tienen que estar relacionados con el acontecimiento principal.

Hay elementos que están presentes en casi todos los cuentos, y que tú deberás tener en cuenta cada vez que te prepares a escribir uno:

- **Acciones:** Los actos que realizan los personajes y que normalmente aparecen ordenados en el tiempo según se van sucediendo. (Más adelante veremos que no siempre es así.)
- **Personajes:** Personas, animales o cosas que intervienen y actúan. El protagonista es el personaje principal y es indispensable para el desarrollo de la historia. Los personajes secundarios son los que le acompañan y completan la acción o son testigos de lo que ocurre.
- **Espacio:** El lugar y el ambiente donde transcurre la narración. Puede existir más de uno.

No existe una única manera de contar una historia. Cada persona tiene su propio modo de entender el mundo, de reflexionar sobre las cosas y de escribir. Con la práctica encontrarás tu propia forma de crear cuentos. Para ello debes sentirte libre y mirar con ojo atento. En cualquier lugar y circunstancia puede haber una historia que contar.

Todo cuento tiene que empezar, continuar y terminar en alguna parte. También, como te he dicho antes, habrá un planteamiento de la historia, un desarrollo y un desenlace, pero no siempre tienes que escribir los acontecimientos de manera ordenada. Entre las distintas formas de contar nos encontramos con la posibilidad de alterar el orden en el tiempo. No siempre el planteamiento irá situado al comienzo, ni el desarrollo se dará en medio, de forma continuada, ni el desenlace tendrá por qué ir al final.

En la **narración clásica**, los acontecimientos aparecen de manera ordenada: Al comienzo se plantea la situación; después se presenta los intentos del personaje por resolver el problema que ha surgido en esa situación inicial; y la función del fin es llegar a la solución con un hecho que satisfaga la expectativa, de un modo a veces inesperado.

Pero el narrador puede elegir empezar por el desenlace y contar hacia atrás. El lector no se preguntará en ese caso qué ocurrirá, sino cómo ha ocurrido. Entonces recorreremos el camino a la inversa. Y también es posible comenzar la historia en pleno desarrollo e ir avanzando a través de saltos en el tiempo, de modo que el planteamiento se exprese después de parte del desarrollo, en algún momento de la trama.

Esta forma de narrar parece complicada y lo es, amigo mío. Por eso no te recomiendo que la utilices hasta que tengas mucha práctica.

A la hora de presentar la acción a sus lectores, el narrador puede elegir entre **contar algo** o simplemente **mostrarlo**.

Cuando el narrador **cuenta algo**, informa indirectamente de la acción, da su visión personal de los hechos, que aparecerán ante los lectores filtrados a través de su mirada. Expone resúmenes de los acontecimientos y se interpone entre los personajes y el lector. Las acciones que se presentan así llegan como tomadas a cierta distancia.

Cuando el narrador **muestra algo**, sitúa a los lectores de cara a la escena para que puedan observar los hechos por sí mismos. Plantea el suceso con gestos, diálogos y detalles de todo tipo. Coloca en primer término a los personajes para que estos actúen, dialoguen o piensen, de modo que el lector pueda establecer un contacto inmediato, tan real como si estuviera entre ellos.

En otras ocasiones, el narrador podrá incluso paralizar por completo el discurrir del tiempo. Se detendrá a describir, a retratar objetos, lugares o personajes. Es un modo indirecto de contar, mediante el cual la acción deja de avanzar y el lector puede observar los detalles de una manera más o menos minuciosa. Pero te recuerdo que el cuento es una narración breve, por lo que las descripciones que contenga tendrán que serlo también.

*Escribamos cuentos*

Con la lectura de este cuento podrás experimentar lo que te he explicado en este capítulo y analizar cada una de las características. Busca el principio, el nudo y el desenlace, y determina la forma de relatar la historia que ha elegido el narrador a lo largo del texto.

## El encuentro

Los músculos de las piernas se me habían transformado en gelatina, me temblaban tanto que dudaba si podría sostenerme en pie por más tiempo. Lo tenía frente a mí, calculando con su mirada la distancia que nos separaba, analizando las distintas opciones y tratando de encontrar mi lado vulnerable para derribarme a un lado y verme tirado a sus pies, vencido y humillado.

Era la primera vez que nos enfrentábamos cara a cara. Estábamos en el mismo curso, en la misma aula, pero pertenecíamos a mundos diferentes. Su corpulencia, la rudeza de su rostro y la seguridad con que dotaba cada una de sus acciones, le hacían aparentar mucho mayor de lo que era y se había convertido en el gallo del corral. Todos cacareaban a su antojo so pena de vérselas con él. Y allí estaba yo, el más tímido de la clase, el más delgado, con aspecto aniñado y bastante desgarbado; el menos indicado para frenar su arrogancia.

A la señal del que habían nombrado como participante neutral de la contienda, comenzó a correr hacia mí, no demasiado rápido, no demasiado lento, hundiendo sus pasos en la arena, hasta llegar al punto exacto donde concentrar toda su furia y arrojármela como un obús.

No me doblegaría, no me tiraría al suelo y no mordería el polvo. En una fracción de segundo mis piernas se convirtieron en columnas de mármol cimentadas, mi cuerpo se transformó en estatua, estaba rígido como una coraza que no se puede atravesar. De pronto sentí un golpe seco en mi pecho que me vació los pulmones y a punto estuvo de derribarme, cerré los ojos y abracé el dolor con todas mis fuerzas.

Todo el griterío de los compañeros se silenció de repente, pareció que por un instante el tiempo se hubiese parado, nadie se movía, sus bocas abiertas, sus miradas clavadas en mí y la expresión de asombro grabada a fuego en sus caras.

Había chutado al mismo centro de la portería y yo tenía el balón en mis brazos. ¡Conseguí pararle el penalti!

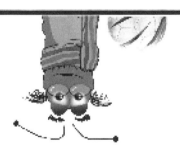

**Ahora te toca a ti escribir.** Te aseguro que disfrutarás redactando el cuento que te propongo:

Piensa en algo que te produjo asombro en los últimos días.

¿Cómo reaccionaste?

¿Qué sucedió después?

# CAPÍTULO 4

# Crear una historia

- **Mira con los ojos muy abiertos. Observa bien los detalles**

Ocurre que, cuando queremos empezar a escribir una historia, nos quedamos con el bloc en la mano y el lápiz entre los dedos y nos decimos: «¿Y ahora qué cuento?». Uno se imagina que la historia tiene que ser muy importante y el hecho que la dispara ha de ser fantástico. Pero no es así; lo importante y lo fantástico es el modo en que vamos a contarla. Yo, que he escrito muchísimas historias, te ayudaré. Haremos una prueba y verás lo fácil que resulta.

Para encontrar ideas no hace falta salir de casa. Mira a tu alrededor. Ahí, en el estante de arriba, está la marioneta con figura de payaso que te regaló tu hermana cuando cumpliste siete años. ¿Recuerdas? Lloraste porque tú querías un balón y te sentiste tratado como si fueras un niño, cuando estabas seguro de que ya eras muy mayor.

Ha pasado el tiempo, has crecido y la marioneta sigue en la estantería mientras tu hermana es mayor y ya va a la universidad.

¿Eres capaz de escribir sobre lo que ocurrió aquella tarde? ¿Recuerdas el enfado de tu madre? ¿La discusión que tuvo con tu padre cuando él decidió que os quedabais todos en casa y tomabais un bocadillo para cenar? ¿Recuerdas lo mal que te sentiste cuando comprendiste que habías echado a perder el día de tu fiesta?

### ¿Qué quieres contar? Realidad o invención.

Podrías contar cómo llegó la marioneta a tu poder y lo que ocurrió luego. Seguramente a tu hermana le gustaría que escribieras para ella un cuento sobre lo ocurrido aquel día.

Veamos. ¿Quieres **contar sólo la verdad**, tal y como tú la recuerdas? Ésa sería una manera. Tú, como narrador, bien pegado a los recuerdos. Escribes una frase, luego otra, una situación a continuación de la siguiente. Ten en cuenta que no vas a escribir una carta sino un cuento. Es preciso hacer una estructura, una especie de andamiaje, igual que hacen los arquitectos con sus casas cuando las están levantando, para ver cómo lo vas a relatar. Ya sabes, porque te lo he dicho en otra página, que un cuento tiene tres partes: comienzo, nudo y desenlace. Veamos el asunto de la marioneta. ¿Cuál es el comienzo? Quizás tu ilusión acerca de los regalos que ibas a recibir en tu fiesta. El nudo sería tu desencanto al encontrarte con la marioneta en lugar del balón. Disgusto, llanto, enfado de tu hermana, discusión de tus padres y tu fiesta perdida. Desenlace: tú te das cuenta de que eres capaz de mover la marioneta dándole vida y haciendo que tus padres se diviertan con sus ocurrencias (las tuyas contadas por ella, claro). Tu hermana decide ayudarte y entre los dos hacéis toda una función de teatro gracias a tu marioneta-payaso.

Pero quizá piensas que podía haber ocurrido algo mejor todavía. Es el momento de crear una fantasía, **un cuento nuevo basado en un hecho real** (como se dice en muchas películas). Podrías iniciar el cuento diciendo que tus padres te habían prometido llevarte a un parque temático para pasar todo el día de tu cumpleaños. Pero ocurre que la semana anterior, tu hermana contrae una gripe gordísima y tus padres deciden aplazar el viaje.

Tú esperas que para consolar tu desilusión te regalen algo maravilloso, pero no es así, El único regalo es la marioneta-payaso que tu hermana te había comprado antes de enfermar. Te disgustas, lloras. Tu hermana se pone peor, tus padres te llaman egoísta y tú te vas a tu cuarto furioso. Ya tenemos el comienzo y abierto el nudo. Te echas sobre la cama, lloras y deseas ser hijo único, como tu amigo Raúl. Pero, cuando ya te has cansado de llorar y estás a punto de quedarte dormido, alguien te toca en un brazo. No quieres abrir los ojos, no quieres ver a nadie, no quieres cumplir años. Pero te llaman de nuevo, insisten una y otra vez, apretando tu brazo despacito. Al fin, abres los ojos y te los frotas con las dos manos, porque el payaso ha crecido. Su nariz roja es mucho más grande y su boca parece la puerta de un garaje. Sus ojos son como dos grandes ventanas. Te tiende los brazos y tú te subes a ellos. Vuelves a cerrar los ojos y cuando

los abres estás en la pista de un circo. La gente aplaude cuando el payaso te deja en el suelo. Tú sonríes y corres para alcanzar un caballo que galopa con una bailarina vestida de blanco sobre su lomo. Aquí puedes poner todo lo que te hubiera gustado que ocurriera ese día y todo lo que te gustaría hacer si pudieras trabajar en un circo. Como estás creando una fantasía, para terminarlo tienes dos formas: decir que todo había sido un sueño, lo cual es muy realista y nada fantástico, o mantener que todo ocurrió en realidad y que aquel día a punto estuviste de quedarte en el circo para siempre.

### • Sé original. Busca un punto de vista diferente, tu historia es única

En cualquier historia que cuentes intenta ser original. De todos los temas ya hay cuentos escritos, algunos muy buenos. Tú vas a escribir otro. No digas lo mismo. No intentes poner como tuyo algo que ya has leído en un libro o algo que te han contado. Sé diferente. Todo el mundo sabe que los payasos están en los circos y que su trabajo es hacer reír. Piensa: ¿En qué lugar podría haber un payaso que no fuera en un circo?, y: ¿qué podría hacer un payaso además de hacer reír? El cuento es tuyo. Inventa. Piensa en personas o situaciones que hay a tu alrededor. ¿Quién, de la gente que conoces, podría ser un payaso?, y ¿qué haría esa persona si lo fuese? Se me ocurre un profesor muy serio que va a un colegio donde los chicos son demasiado traviesos y no les gusta estudiar. El profesor va todos los días a la clase y los chicos se ponen a hablar, se tiran papeles unos a otros, se insultan y acaban peleándose. Podríamos inventar que ese profesor está muy disgustado porque se siente fracasado con los chicos. Por eso, durante la noche, se convierte en payaso y es ése precisamente el que compra tu hermana para ti. Y cuando ve tu disgusto al recibirlo se siente de nuevo fracasado y se pone a llorar. Entonces tú, que en el fondo eres más bueno que el pan, le preguntas lo que le ocurre y decides ayudarle con sus alumnos. ¿Me sigues? Así el cuento también acabaría bien, contigo como profesor de una clase de chicos rebeldes y maleducados.

Pero también puedes acabar el cuento de un modo trágico. Es tuyo. Puedes inventar. A mí es lo que más me gusta. A mi nieta Trofa la volvía loca cuando era pequeña, porque le contaba el mismo cuento o la misma aventura muchas veces y siempre la terminaba de forma distinta: unas veces el barco se libraba de los piratas; otras los habitantes de la isla se comían a los marineros; otras era al revés y los del barco se zampaban a los isleños...

Cuando escribimos un cuento, somos todopoderosos. Nuestros personajes nos pertenecen. Podemos hacerlos buenos o malos, simpáticos o aburridos, guapos o feos. Deberemos, eso sí, conseguir que a lo largo del cuento cambien, porque no tendría ningún sentido contar una historia en la que no ocurriera nada. Es como la vida. Tú vas al colegio y todos los días son diferentes entre sí. ¿De qué valdría que fueras hoy y mañana y pasado y todos los días fueran iguales? Por eso, en los cuentos ocurre lo mismo: El personaje principal y los otros personajes tienen que aprender algo a lo largo de la narración.

Hablábamos de tu marioneta-payaso. Al principio fue un disgusto, pero luego —y ese luego todavía dura—, aprendiste que quizás ese payaso es el regalo que más recuerdas de todos los que te hicieron. El que hoy va a ser el protagonista de uno de tus cuentos y un bonito regalo para tus padres y para tu hermana. Y quién sabe si, dentro de unos años, ese regalo saldrá en un libro y te hará famoso.

## • Haz un índice de hechos y de personajes.

Un cuento ha de transcurrir en muy poco tiempo, han de suceder pocas cosas y ha de tener pocos personajes. Sin embargo debes trabajar a fondo. Cuando sepas de qué tratará tu cuento, haz un índice con las cosas que van a ocurrir, el espacio donde sucederán y los personajes que estarán al servicio de la historia. Conviene que los describas con pocas palabras, pero con los datos más importantes. Si tu payaso va a ser el protagonista tienes que apuntar su aspecto, su tamaño, los colores de sus vestidos. Cómo es la casa en la que ocurre todo. Cómo es tu hermana. Qué edad tienen tus padres y cuál es su aspecto, etc. Mientras haces tu índice, vas conociendo a tus personajes y te encariñas con ellos, y así no corres el riesgo de que en los primeros renglones digas que tu hermana es alta, rubia y lleva gafas, y en los últimos te hayas olvidado y la describas como bajita y morena.

## • Piensa en la extensión: Microcuento. De tres a cinco páginas.

Antes de empezar a escribir tu cuento, piensa qué extensión quieres que tenga. Puede ocurrir que no te importe que sea largo o corto, pero, aunque así sea, conviene que calcules de antemano su extensión para poder desarrollar la historia sin problemas.

Para empezar, creo que la extensión adecuada es de tres a cinco páginas. Los microcuentos, entre 30 y 150 palabras, requieren práctica para poder hacerlos bien, y los de más de cinco páginas tampoco conviene abordarlos al principio. De todos modos, entre el primer borrador y el cuento terminado hay mucha diferencia. La mayoría de las veces es preciso eliminar muchos párrafos, pero otras conviene aclarar conceptos o añadir nuevos datos.

## • Busca información: Hechos, lugares, personas, fechas, datos importantes.

Es necesario que tu cuento esté documentado, que incluya datos reales. Si vas a escribir un cuento que ocurre en Madrid, en Londres o en Nueva York, tendrás que conocer los nombres de alguna de sus calles. Si el cuento sucede hace cien años, tu protagonista no podrá llegar a su casa y sentarse delante del televisor, porque todavía no se había inventado. Si ese chico está viendo en la televisión la llegada

del hombre a la luna, no podrá llamar a un amigo por un teléfono móvil, porque entonces todavía no existían.

También habrás de fijarte en cómo hablan las personas que vas conociendo, para que tus personajes hablen de un modo adecuado. No incluyas en tu cuento a un abuelo como yo utilizando palabras que usan los niños. Ni hagas que una mujer que vende pescado se exprese de la misma manera que tu profesora de matemáticas.

Cuando uno quiere ser escritor tiene que fijarse mucho en los lugares, las personas y los hechos.

Tu primer borrador has de escribirlo casi sin pensar, dejándote llevar por la emoción, por el deseo de saber lo que va a ocurrir en la línea siguiente, como si de verdad fueras el protagonista de una aventura interesantísima cuyo final desconoces. Aunque tu cuento vaya a tener sólo tres páginas, no importa que tu primer borrador tenga seis. Si tu payaso ha decidido hacer un viaje en un autobús, no te fijes sólo en él. Observa cómo lo miran los otros viajeros. Fíjate en la señora que revisa su bolso preocupada, aunque tu payaso la mire por encima de su hombro. ¿Cómo no se da cuenta? Imagínate que ha perdido la cartera o que se la han robado. Piensa que le echa la culpa a tu payaso y el conductor del autobús quiere llamar a la policía para que se lo lleven. Tú escribe sin pensar demasiado y disfruta con tu creación. No puedes imaginarte la cantidad de historias que me he inventado en mis viajes, historias que me hubiera gustado que ocurriesen y, al final, después de tanto contarlas, he acabado creyéndomelas.

*Escribe sin pensar, con emoción y alegría*

## • Revisa, corta, cambia, revisa de nuevo.

Cuando des por terminado tu primer borrador de ese cuento magnífico que estás escribiendo, guárdatelo en una carpeta y olvídate de él. Déjalo descansar y haz otras cosas, quizás otro cuento diferente cuya idea ha surgido precisamente del cuento cuyo borrador has terminado.

¿Por qué no? Por ejemplo, el conductor del autobús que ha llamado a la policía para que se llevasen a tu payaso. ¿Por qué se ha enfadado tanto? ¿Habrá tenido un mal día? ¿Se habrá peleado con un compañero? ¿Lo habrán despedido de su trabajo? ¿Tendrá un hijo enfermo? Puedes empezar esa nueva historia mientras descansa la anterior y después de un tiempo, saca el primer borrador y léelo.

• Deja descansar tu borrador • Cuando lo releas, corta sin miedo

Te darás cuenta de que hay demasiadas explicaciones y pocas sugerencias. Empieza a cortar. **El mejor párrafo es el que tiene menos texto.** Si has escrito: «El payaso llevaba el traje arrugado y sucio, de haber dormido en el suelo, y se frotaba los ojos mientras bostezaba», quedará mejor si suprimes lo subrayado. Habrá otros párrafos que sobran enteros. Suprime todo lo que no te parezca interesante y lee el cuento de nuevo. A lo mejor hay algo que conviene incluir. Hazlo y vuelve a leerlo todo.

Si tienes varias cosas entre manos no estaría de más que lo dejaras descansar otra semana. Lees, cortas y vuelves a leer. Seguramente, de las seis páginas iniciales te han quedado sólo tres, pero, si haces la comparación entre el borrador y el texto que ahora tienes, te darás cuenta de que ha ganado muchísimo. Con menos palabras está más claro, **suprimiendo explicaciones das oportunidad al lector para que imagine** y para que, cuando llegue al final, se quede con ganas de saber más, de ir detrás de unos personajes que se han hecho sus amigos, porque tú has sabido darles vida, hacerlos creíbles, tanto a los personajes como a la historia que has contado.

Y después, ¿sabes?, los que escribimos inventamos personajes que para nuestros lectores son seres de carne y hueso que viven en algún lugar. Algunas veces, un personaje nos sale tan bien que podemos escribir cuentos y cuentos y hasta novelas en los que él sea siempre el protagonista, o que figure en otras historias en donde represente otros papeles. Por ejemplo: Raúl, el chico más travieso de la clase, es el personaje principal de un cuento, porque un día lleva a la clase de ciencias un ratón que asusta a todos los compañeros. Pero, como además de travieso es muy simpático, puede formar parte de otro cuento en el que se relate la historia del profesor que se va a jubilar, porque ya es muy mayor.

Yo he dejado muchos amigos inventados por el camino y ni me acuerdo de ellos. Pero otros todavía están metidos en mi cabeza dán-

dome la lata con sus cosas. Uno de estos es Faustino, un marinero de anchas espaldas que me encontré una vez en la bodega de *El León de las Olas,* un barco muy grande que navegaba por el Mar de los Sargazos. Comía sólo galletas porque se le habían caído todos los dientes.

Y me pedía perdón cada vez que hablaba porque decía muchos juramentos. Se disculpaba diciendo que le había enseñado a hablar mal el Pirata Atalando, con el que había navegado por todos los mares del mundo.

Podría contarte muchas de las historias que este personaje inventado me contó hace mucho tiempo. Podría decirte que su máximo deseo era dejar el barco y volver a su casa, porque se mareaba mucho en la bodega de aquel cascarón y se sentía triste por haberse quedado encerrado en un cuento.

*Podría decirte muchas cosas, pero ahora estoy muy cansado.*

Escribamos cuentos

# CAPÍTULO 5

# Los personajes

Antes de definir qué es un personaje y cuál es su papel fundamental en una historia, quiero proponerte que leas unos fragmentos del cuento *El tío Alberto*

[…] Su habitación había cambiado poco desde que su padre se la había acondicionado al nacer. Los muebles seguían siendo los mismos y también la mayoría de los adornos: la lámpara de color azul con pececitos naranjas y amarillos que rotaban por el efecto de la convección del aire al calentarse por el foco, la colección de autos en miniaturas de todas marcas y modelos, la pequeña estatua de Pinocho que mostraba cuánto le había crecido su nariz por decir mentiras, un reloj viejo de pared que a cada hora dejaba asomar un pajarito gritando a viva voz «cucú» y el cuadro de la Virgen de Guadalupe de la cabecera de la cama. […] y un cuadro de un metro de largo por uno de ancho, en el que se mostraba a un anciano canoso, despeinado y concentrado mientras tocaba un violín. [...]

[...] Esa noche, como todos los días, el niño esperaba a su tío Alberto y, mientras lo hacía, contemplaba extasiado el enorme cuadro. Se dejó caer en la cama, cerró los ojos y se preguntó «¿Qué pasará que no llega?», al tiempo que con su mano derecha hacía girar su globo terráqueo haciendo un gran esfuerzo por no quedarse dormido. «¿Qué pasará que no llega?» repetía una y otra vez José Alberto, hasta que, con la fuerza casi divina de su mente, el viejo anciano de la foto se quitó el violín que tenía apoyado sobre su hombro, lo dejó caer con mucho cuidado sobre el escritorio del niño, se apoyó del marco fijado en la pared y de un salto cayó sentado junto a él. [...]

Como puedes observar, en estos fragmentos aparecen relacionados tres personajes:

1. José Alberto (niño).
2. El tío Alberto (anciano).
3. Una imagen que cobra vida (un cuadro).

Date entonces unos minutos, piensa y haz una lista de personajes como ésta que acabamos de hacer. Piensa en las historias que hayas leído y de ellas enumera diez personajes que te hayan gustado mucho y, al lado de cada nombre, clasifícalo de acuerdo a lo que éste sea: animal, vegetal, mineral, objeto, muñeco, ogro, niña, hombre, mujer, etc.

Al terminar tu lista podrás sorprenderte con los resultados obtenidos y llegarás a una importante conclusión: **No todos los personajes de una historia tienen por qué ser necesariamente humanos.**

Básicamente, **un personaje** es un ente capaz de ejecutar acciones en una historia. Presta atención a dos elementos claves:

Un *ente* puede ser cualquier cosa: una rana, un lobo, un ogro, un árbol, una puerta, un muñeco, etc., pero debe ser capaz de ejecutar acciones de manera consciente y comprender la historia.

En realidad no existen límites para que el escritor pueda dar la naturaleza que quiera a sus personajes, pero, para que lo sean, tiene que darles la posibilidad de **ejecutar una acción de manera consciente.**

Por ejemplo, en el fragmento de la historia del tío Alberto que acabas de leer, el hecho de que exista un cuadro con la imagen de un anciano tocando el violín no quiere decir que ya esa imagen sea un personaje.

Para convertir dicha imagen en un personaje, el escritor tiene forzosamente que añadir elementos que nos indiquen que se salió del cuadro por su propia cuenta y con un objetivo muy específico.

El escritor ha empleado un recurso en el que le otorga al cuadro características humanas. A partir de ese momento, como leerás en próximos fragmentos del mismo cuento, la imagen, que antes sólo

era una fotografía, empezará a hablar, a pensar, e incluso a decir cosas que harán pensar al niño. Este recurso se denomina en literatura **humanización de un ente.**

Un ejemplo clásico lo podemos encontrar cuando el Lobo amenaza a Caperucita Roja, se come a su abuela y usa su astucia para llegar primero a la casa del bosque. El escritor humanizó al Lobo y éste ejecuta en la historia acciones conscientes.

No todos los entes en la historia del tío Alberto constituyen un personaje. Observa la siguiente tabla y te darás cuenta de lo que quiero decir.

| Personajes | No personajes |
|---|---|
| El cuadro | El cucú de pared |
| El tío Alberto | El Pinocho |
| José Alberto | La lámpara |
| | Los coches en miniatura |
| | La imagen de la Virgen |

Los elementos del lado derecho de la tabla no serán personajes de la historia hasta que el escritor decida asignarles una acción y adquieran vida propia.

Cuando un escritor le da a sus entes características humanas, está dando a sus personajes un recurso adicional: les otorga **su propia psicología.**

Es por eso que al contar una historia tú puedes usar tu experiencia personal. Captar las características de la gente que te rodea: de algún familiar, de tu maestro, de un amiguito de la escuela... Al construir tus propios personajes, podrás ponerles esas características.

Obsérvalo todo: Si el que vende periódicos es un enojón con los niños; si tienes un primo muy miedoso; si tu maestro se cree un sabelotodo; si algún amigo es ambicioso, avaro u holgazán; si otro actúa como el hijo de rico que no le importa lo que le rodea, etc., etc.

Recuerda siempre que, mientras más observador seas, mientras mayor sea tu propia experiencia, tanto desde el punto de vista literario como en las diversas situaciones que tendrás que afrontar en la vida, mejor será el manejo de los personajes en las historias que vayas a contar.

Quiero que reúnas varios objetos: una taza, una cuchara, un vaso y un plato. Ahora vas a escribir una pequeña historia en la que tú y cada uno de los objetos mencionados seréis los personajes. Cuenta lo que quieras y trata de usar una característica diferente para cada uno de ellos. Por ejemplo, la taza puede ser tímida, el vaso un vanidoso y así sucesivamente. Tú decides.

Estoy seguro de que a la hora de hacer el ejercicio anterior, te detuviste a pensar en cada uno de tus personajes antes de empezar a escribir. Esto es muy importante y constituye una responsabilidad muy seria del escritor.

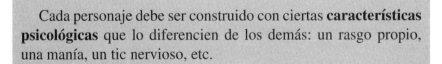

Cada personaje debe ser construido con ciertas **características psicológicas** que lo diferencien de los demás: un rasgo propio, una manía, un tic nervioso, etc.

En cada cuento habrá siempre unos personajes muy importantes, esos que para ti son los héroes, los buenos o los malos, y otros que

no tendrán tanta importancia para el desarrollo de la historia. Siempre debes tener en cuenta el peso que tenga cada uno de ellos y, por supuesto, la extensión que tenga el cuento.

Por ejemplo, en el cuento breve que acabas de escribir con los objetos que te asigné, es casi innecesaria la profundidad psicológica de cada personaje, porque el factor que cobra mayor importancia es el desarrollo mismo de la historia, que va a contar un hecho determinado, muy concreto, y no va relatar la vida de los personajes. Bastará con un leve rasgo que caracterice a cada uno de ellos.

Por lo general, a la hora de construir un personaje existen dos elementos fundamentales que hay que tener en cuenta:

| | |
|---|---|
| **La acción:** | Debes saber con mucha claridad qué va a hacer el personaje en el cuento y cuál es su importancia en el mismo. |
| **Relación del personaje con todos los demás:** | Aquí decidirás cómo interactúa el personaje con los demás de la historia. Quién será su rival, quién ayudará a que este personaje se desarrolle, etc. |

En ambos puntos es importante que vayas añadiendo o quitando ciertas características psicológicas a tus personajes. Este proceso se aprovecha para asignarles nombre y determinar cuál de ellos será el más importante en la historia. Con la caracterización lograrás definir algo muy importante: Quiénes serán los **personajes principales** y cuáles serán tus **personajes secundarios**.

Ahora quiero que vuelvas a pensar en esas historias que te han gustado mucho. Haz una relación de personajes que consideres como protagónicos y otra con los que consideres personajes secundarios.

El personaje protagónico de una historia debe tener todas las características básicas para asumir el conflicto de la trama.

A la hora de construir cada uno de tus personajes, tienes que lograr que su forma de ser y de pensar se refleje en la manera en que se expresa y actúa.

Veamos otros fragmentos del cuento *El tío Alberto*.

[…]—¿Qué día es hoy tío?—preguntó el niño.

—Hoy es un día especial, muy especial, sobrino. Hoy es el equinoccio de marzo, día en que por hallarse el Sol sobre el Ecuador, el día y la noche tienen la misma duración, y eso ocurre en toda la Tierra —contestó el anciano en el tono cariñoso que siempre usaba al dirigirse al niño. […]

[…]—¿Y qué edad tienes, tío?

—¡Uh! —hizo un gesto de asombro—. ¿Estamos en el 2008? —se detuvo hasta ver que el niño asintió con su cabeza—. El pasado 14 de marzo cumplí años y la verdad no sé si fueron 129 o 53 […]

En estos fragmentos se ve claramente cómo debe ser la forma de hablar del protagonista.

Es evidente que el niño no puede hablar igual que su tío Alberto. El escritor ha diferenciado las palabras de un físico famoso de las de un niño de siete años. Y así debes hacerlo tú. No es lo mismo cómo se expresa un catedrático que un taxista; un anciano que un adolescente; una mujer que una niña.

Éste es un elemento básico para darle **credibilidad** a tu personaje y para que el lector lo sienta **real**. Lo mismo sucede cuando humanizas algún ente. El hecho de darle vida y humanizarlo te lleva a tener en cuenta los mismos elementos que usas para las personas.

 Antes de darte algunas definiciones, quiero que vuelvas a la relación de personajes principales y secundarios que acabas de hacer. Con lo que has leído, trata de contestar la siguiente pregunta: ¿Cuál consideras que sea la diferencia fundamental entre un personaje principal y uno secundario?

En una historia puede haber uno o varios personajes principales. Los protagonistas son quienes **desencadenan todas las historias**. Llevan el peso de la trama.

Es muy importante que no confundas el término de personaje principal como uso exclusivo del **bueno** de la historia. Por lo general en una historia hay **buenos** y hay **villanos**. Muchos autores suelen llamar a los villanos **antagonistas**. También a los buenos suele llamárseles **héroes o protagonistas**, y alrededor de estos personajes principales hay otros que ayudan a definirlos mejor. Estos últimos se denominan personajes **secundarios**.

Es importante que comprendas bien la diferencia entre los conceptos de personajes principales y personajes secundarios, para que en tus cuentos un personaje secundario no cobre más interés en el lector, por sus acciones, que un personaje principal, y con esto le robe el protagonismo a quien en realidad debe tenerlo.

Cuando vayas a escribir tus historias puedes elegir tantos personajes secundarios como quieras. Bien llevados, te ayudarán a caracterizar mejor a tus personajes principales.

Recuerda que los personajes secundarios ayudan a definir a tus héroes. Los van a acompañar a lo largo de toda la historia y serán decisivos en aspectos fundamentales de la trama, pero su presencia y sus acciones nunca deben sobrepasar las de tus personajes principales.

¿Cómo elegir los nombres de los personajes de tus historias?

Piensa bien. No te precipites en contestar.

Seguro que has llegado a la conclusión de que la **elección del nombre** de un personaje es muy importante y tiene que estar muy relacionado con las acciones que éste va a realizar. Es muy precipitado dar un nombre al primer impulso.

Como ya dijimos, la elección del nombre de un personaje se empieza a cocinar desde el momento en que estás planeando cómo actuará. Debes tener en cuenta el carácter del personaje, las actitudes, los hechos, y algo muy interesante: la manera en que va evolucionando a medida que avanza la historia.

Si tu personaje principal es un **superhéroe** que salva vidas, lucha contra la delincuencia, enfrenta a los malos y en todas las acciones les da su merecido, no sería prudente ponerle un nombre como Estebita, Lorencito, Joaquincito. (A no ser que quieras hacer de tu héroe un hazmerreír y que nadie le crea nada.) Escoge para él un nombre sonoro, que te inspire fuerza y nobleza.

Si es un **villano** con características de ladrón, de buscapleitos, tampoco usarás estos nombres; lo indicado es usar algo fuerte que lo caracterice con tan sólo oír cómo se llama. Aquí puedes ayudarte con apodos añadidos al nombre: Paco *el Tuerto*, Tony *el Mano Larga*, etc.

Si tu personaje es un norteamericano, un inglés o un canadiense, es ilógico que le pongas Pepito o José Alberto. Un buen lector nunca tomaría en serio a este personaje.

Te recomiendo el siguiente ejercicio: Describe a la persona que más te simpatiza (puedes usar la ficha de personaje que te muestro al final del capitulo).

Y ahora, después de observar y anotar todas las características, piensa si el nombre que tiene esa persona en realidad sería el ideal para que fuera un personaje que representa a un abogado. En caso negativo, anota cuál sería el personaje ideal de esta persona, es decir, el que concuerda con su nombre real.

Si, además del nombre, también usas apellidos para los personajes, ten el mismo cuidado que tuviste a la hora de seleccionar el nombre.

Un nombre completo debe representar al personaje que lo lleva.

Ahora fíjate en el fragmento final de *El tío Alberto*, y responde si cabía otro nombre en dicho personaje.

[…] A la mañana siguiente, el niño despertó muy temprano y se paró frente al póster grande que colgaba junto a su escritorio.

Una pícara sonrisa se dibujó en su rostro mientras leía lo que estaba escrito debajo de la foto: «Albert Einstein. 2008: 129 aniversario de su natalicio y 53º aniversario de su muerte».

—Gracias, tío Alberto… Ya sé por qué dicen que casi todo es relativo.

Pero, en su interior, él sabía que no era cierto. Había cosas, al igual que su obsesión por ser un genio, que tenían un carácter absoluto.

A modo de resumen te presento una tabla con los aspectos más importantes a tener en cuenta a la hora de describir a tus personajes. Ésta es una ficha básica; tú puedes ampliarla tanto como desees, según la profundidad que creas necesaria para cada cuento. No olvides usarla para crear tus personajes.

# Anexo: Ficha de Personaje

| DATOS BÁSICOS | |
|---|---|
| Nombre: | |
| Sexo: | |
| Edad/Fecha de nacimiento: | |
| Personaje principal o secundario: | |
| **RETRATO FÍSICO** | |
| Estatura, peso, complexión (fuerte, débil, corpulento, etc.): | |
| Rasgos de la cara: | |
| Otros rasgos del cuerpo: | |
| Alguna característica propia como manías, tic nervioso, costumbres que no sean normales: | |
| **RETRATO INTERIOR** | |
| Carácter (apacible, nervioso, irascible, etc.): | |
| Sentimientos: | |
| Aptitudes (trabajador, hábil, patoso, etc.): | |
| **VIDA SOCIAL** | |
| Ocupación: | |
| Educación (estudios): | |
| Vida familiar: | |
| Religión: | |
| Raza / nacionalidad: | |
| Relación con el resto de personajes que intervienen en la historia: | |

# Capítulo 6

# El escenario

## • El escenario del cuento

Cuando tú escuchas la palabra escenario, con seguridad piensas en el tablado de un teatro, que es el lugar en donde actúan los artistas de una obra o de cualquier otro espectáculo teatral. Ese escenario se encontrará debidamente preparado y decorado de conformidad con el tema de la obra o acto a representar. Los actores se comportarán dentro del escenario de acuerdo al papel que se les haya asignado. Así es también el **escenario sobrentendido** en una obra literaria de cualquier género. Los personajes, como seres vivos virtuales, actúan en un espacio, en un tiempo y se comportan de acuerdo a su particular manera de ser.

Es necesario situar a los personajes en determinados lugares y épocas, para que el lector se forme la idea de dónde y bajo qué circunstancias ocurre la acción. La tarea consiste en crear un ambiente apropiado y concreto para el cuento, algo que siempre debes tener presente. A esto se le llama **ambientación**.

El escenario donde actuarán los personajes del cuento puede ser una habitación, un prado, una carretera, el interior de una nave interplanetaria, el cielo o el propio infierno. Pero el lector necesita saber cómo es ese lugar, y para no dejar todos los detalles a su imaginación tienes que darle algunas pistas. Luego, cada uno de tus lectores lo verá de forma personal según su formación, imaginación, experiencias, etc.

Aquí tienes algunos ejemplos de cómo puedes ambientar un cuento construyendo diversos escenarios con pocas palabras:

*La habitación tenía un ventanal por donde entraba la luz del poste de la esquina, formando misteriosas sombras en la pared del fondo.*

*El ventanal permitía contemplar las siluetas de los volcanes, que le traían recuerdos de su infancia y de su tierra natal, de donde había salido hacía más de treinta años.*

*La carretera de tierra reseca y sedienta parecía implorar por una gota de lluvia.*

*La carretera, principal vía del condado, estaba saturada de vehículos, cuyos conductores se gritaban unos a otros culpándose del monumental atasco.*

*El Cielo era tal como se lo había imaginado: un lugar luminoso, lleno de paz. Los ángeles, con sus arpas, hacían brotar un manantial de dulces arpegios que invitaban a cantar.*

Como puedes ver, el escenario lo vas formando a través de una imagen que primero tú ves en tu imaginación y luego se la haces ver al lector. Cada cosa que sitúes en ese escenario deberá tener más adelante algún significado dentro de la historia. Por su naturaleza, el cuento no debe contener narraciones exhaustivas, tal como sucede en la novela, que puede llevar dos o tres páginas detallando cada uno de los elementos existentes, por ejemplo, dentro de una habitación, aunque sólo cumplan una función estética y no tengan ninguna otra significación. El cuento debe ser más concreto, y si pones en la escena unas tijeras es porque desempeñarán alguna función en la historia.

El escenario en el teatro y en el cuento se monta con lo estrictamente necesario. Todo lo superfluo se descarta.

Te sugiero hacer ejercicios de práctica. Verás que cuantos más hagas, más fácil te será en el futuro. A escribir se aprende escribiendo. Toma tu libreta de prácticas y, teniendo en cuenta lo que ya sabes, describe en muy pocas palabras los siguientes escenarios:

• El campo en un día de excursión.

• El interior de un autobús.

• La sala de espera de un dentista.

## • ¿Cómo son los personajes?

Los personajes, al igual que los artistas, también ocupan el escenario. Podemos decir que forman parte de él y son los encargados de dar vida a la acción. El escenario sin ellos es un ente muerto.

**Los personajes son diferentes entre sí**, tal como las personas en la vida real: No hay dos iguales. Algunos son altos, otros bajos, incluso enanos. Según el papel que les toque jugar, pueden ser pelirrojos, albinos, morenos, negros, blancos, de sexo masculino o femenino, bonitos o feos. De ojos normales o turnios, con dientes o sin ellos. Pueden tener cualquier característica exterior que se te ocurra. Asimismo, pueden ser personas, animales, cosas, seres extraterrestres, dioses… El límite es tu imaginación.

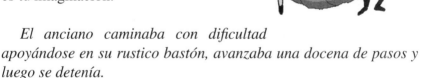

*El anciano caminaba con dificultad apoyándose en su rustico bastón, avanzaba una docena de pasos y luego se detenía.*

*Cada vez que sonreía, lucía la falta de sus dientes incisivos, se ponía colorada y trataba en vano de disimular su defecto cubriéndose con la mano.*

*El dios que adoraban los miembros de la tribu era rubicundo, de generoso estómago y dueño de una barba que con los años se iba tornando blanca.*

Así como cada personaje es diferente exteriormente, lo mismo sucede con su **personalidad**. Los habrá tímidos, valientes, buenos, malos, chismosos, sacrificados, locos, cuerdos, acomplejados, furiosos… Cada uno de ellos cavilará y actuará de acuerdo a su particular manera de pensar. Y recuerda que no necesariamente tienen por qué ser personas.

*El gato avanzaba con su mirada torva, relamiéndose; su naturaleza sanguinaria lo impulsaba y sentía placer en actuar como cazador.*

*Para él, dar la lección era un tormento, no porque no la supiera, sino porque hablar en público lo atormentaba, el corazón se le aceleraba y las manos le empezaban a sudar.*

*Se consideraba buen padre de familia, pero a la menor contrariedad estallaba en improperios; era tan volado de carácter que todos temían sus arranques de ira.*

*No podía descubrir un secreto porque inmediatamente iba a contárselo a medio mundo. Él sabía que estaba mal, pero su naturaleza se lo exigía.*

Imaginemos ahora que tienes diversos personajes que intervienen en un cuento, a los que debes poner nombre y describir con pocas palabras para que el lector pueda imaginar cómo son. Escribe en tu libreta de ejercicios las descripciones de los siguientes personajes:

- Un compañero de tu escuela que hizo una trastada.
- Los padres de ese compañero.
- Un guardia urbano enfadado.
- El director o directora de la escuela.

## • El espacio en que se mueven

El escenario en que actúan los personajes del cuento, puede estar dentro de una ciudad, un país, un planeta lejano o en el mismo barrio en que vive el autor. ¿Qué determina el espacio geográfico? La acción que realiza cada uno de ellos. Por fantástico que sea el cuento, debe suceder en un espacio creíble, que esté de acuerdo al tema de que se trate.

*Cuando Romualdo llegó a la ciudad, buscó para vivir un lugar frente a la plaza principal. Le gustaba escuchar los conciertos que la banda municipal ejecutaba en el kiosco del parque, porque le recordaban su lugar de origen.*

*La pista en donde descendían las naves interplanetarias estaba situada en el asteroide más cercano al planeta; era el lugar ideal por su inmediatez y porque poseía las condiciones de seguridad y los servicios apropiados.*

## • En qué época viven

La época depende del tema. Tienes la libertad de situar a los personajes en el futuro, en el pasado o en el presente. Es más, la época puede ser histórica o imaginaria, por ejemplo, la acción puede desarrollarse durante las Cruzadas, durante la época de la independencia de un país o en un futuro supuesto, y puede llevarse a cabo en un lapso variable: en minutos, horas, días o años.

El límite es tu imaginación. Tú creas tus universos.

*La Revolución Francesa acababa de iniciarse y por las calles de Paris corrían las turbas exaltadas; creían que con la caída de la monarquía todos sus problemas terminarían.*

*Era el año 2049 y los viajes interplanetarios estaban al alcance del ciudadano común, los precios habían bajado, y las facilidades en los pagos invitaban a visitar los destinos turísticos más cercanos y desde ahí contemplar nuestro planeta azul.*

## • El escenario total

La suma de los elementos que te acabo de explicar te da el escenario completo. Esto no quiere decir que por fuerza debas utilizar todas las características señaladas; deberás utilizar sólo las que sean necesarias para la construcción de cada cuento, de lo contrario, te extenderías de tal manera que la historia se perdería en detalles innecesarios y a la larga resultaría extensa, tediosa e invitaría al lector a no concluir su lectura.

El escenario o la ambientación de un cuento se va dibujando para el lector conforme avanza la lectura, mediante la descripción. Puedes describir de manera directa (por ejemplo, explicando cómo son los muebles de la habitación donde ocurre una de las escenas) o sutil (mientras un personaje realiza una determinada acción, vas aportando datos del entorno en que se mueve, de los objetos que utiliza o del instante del día en que ocurre la historia).

He escrito un cuento de ejemplo para ti, donde puedes ver cómo me esmeré en lograr ambientarlo con breves descripciones del entorno de la protagonista y de sus circunstancias. Fíjate bien y disfrútalo.

## Enriqueta, la periquita

Una linda perica de refulgente color verde pasaba sus días encerrada en una lujosa jaula de color dorado, ubicada en el corredor de una residencia de la ciudad de Guatemala. Ahí tenía alimento seguro todos los días, protección ante los peligros del exterior y refugio ante las inclemencias del tiempo.

Nada le hacía falta, excepto libertad.

Nuestra amiga, la prisionera, todas las mañanas oía con tristeza el clamor de las parvadas de pericos que cruzaban el límpido cielo, rumbo a la escuela. Se imaginaba a sus congéneres picoteando los dulces frutos de la flora circundante y jugueteando en medio de la floresta, mientras aprendían las reglas básicas de la supervivencia.

Cada vez que escuchaba el incesante parloteo de los pericos cuando pasaban hacia su centro de estudios o cuando retornaban a las cuatro de la tarde a la seguridad de sus nidos, el corazón le latía con más fuerza. Se emocionaba y la desesperación la invadía. Suspiraba y con melancolía se decía: ¡Cómo me gustaría volar con ellos!

Su único consuelo era gritarles a su paso:

—¡Adiós, adiós, amigos! ¡Que tengan suerte! —Y en ciertas oportunidades les silbaba las alegres tonadas de alguna canción de moda y con la imaginación los acompañaba en sus correrías.

Un día de tantos, Pedro, uno de los pericos, guiado por la curiosidad, abandonó la bulliciosa parvada y descendió hasta la jaula de la cautiva. De inmediato hicieron amistad y a partir de entonces solían verse a diario por largos minutos, que a la cautiva le parecían cortos segundos.

La periquita ya no se sentía tan sola, siempre estaba con la ilusión de la visita de su amigo y charlaban largo y tendido. Hablaban del verdor de los árboles, de la agradable brisa que sopla en las cimas de los montículos, de los bellos paisajes y de mil cosas más que, según le decía su visitante, se podían contemplar desde las alturas. La imaginación de Enriqueta se encendía y cada día añoraba más la libertad y envidiaba a los bulliciosos que todos los días iban con alegría a recibir sus clases.

En cierta oportunidad, cuando la visitó su querido camarada, ella le dijo:

—¡Cómo me gustaría volar, surcar el cielo azul y sentir el viento acariciando mis plumas!

—¿Y por qué no lo haces? —le respondió con una sonrisa—. Si tienes la puerta abierta.

Enriqueta vio con sorpresa que, en efecto, la puerta estaba abierta. Se encontraba tan acostumbrada a su encierro y a permanecer pasivamente en su jaula, que no se dio cuenta de que, por descuido, su carcelera no había cerrado la puerta.

Pedro, el perico, de manera cortés, le extendió su pequeña ala invitándola a salir, y ella, sonrosada por

su imperdonable distracción, correspondió; y ambos emprendieron el ansiado vuelo.

Ahora, todas las mañanas, pasa la bulliciosa parvada rumbo a la escuela y allá abajo, en la lujosa casa, permanece sola, abandonada y triste, en contraposición con la felicidad de Enriqueta, una enmohecida y olvidada jaula.

Mi querido aprendiz de escritor: Ahora te toca a ti. Te invito a que tú mismo escribas un cuento corto cuyo escenario serán las calles de tu ciudad. Inventarás una historia que tenga lugar allí y la escribirás en tu cuaderno, cuidando especialmente que el lector vea esa ciudad, se sumerja en su ambiente y comprenda los movimientos de los personajes. Recuerda que estamos en cuento y no debes utilizar demasiado texto para describir personas, lugares u objetos.

# Captar el interés del lector

## (Tensión, intriga, misterio)

- **El lector es tu amigo y quiere participar en el cuento.**

Supongo que a estas alturas de mis explicaciones, tú confías plenamente en mí, ¿verdad? Pues una de las cosas más importantes que debes conseguir cuando escribes un cuento es que el lector tenga plena confianza en ti, como autor que usa la voz del narrador para guiarle en el relato, y que se sienta cercano a la historia que le cuentas. Ten presente que quienes te lean querrán sentirse partícipes del cuento, desearán entrar en la historia y vivirla plenamente durante el tiempo de su lectura. Está en tus manos conseguir que así sea.

Tu objetivo principal al escribir ha de ser captar la atención y despertar el interés del lector.

Ya desde las primeras líneas podemos influir en el interés del lector, presentándole la historia de una forma atrayente, que lo incite a seguir leyendo, pero sin entregarle todas sus claves ni desvelar el final. La **intriga** será el factor que empujará a tus lectores a seguir leyendo. Y precisamente en la manera en que se presentan los hechos puede residir el mayor o menor grado de tensión, intriga o misterio de que dotemos a nuestro cuento.

Es cierto que hay cuentos que apenas precisan de este recurso, pero no olvides que cuando logres que los lectores sientan verdadera curiosidad o interés por saber qué ocurrirá en las siguientes líneas, en verdad alcanzaste tu objetivo.

## • Muestra lo importante, lo que dará pie para que el cuento sea el que tú quieres

Intenta no perderte en largas descripciones ni referirte a detalles que nada tengan que ver con la historia que tú quieres contar. No me cansaré de repetir que cuando se escribe un cuento hay que mostrar sólo lo que tiene verdadera importancia. Hay detalles fundamentales, decisivos para la historia, que no debes omitir bajo ningún concepto, pero recuerda que al lector le interesa principalmente aquello que le hace avanzar en el conocimiento de los hechos y todo lo que aumente su disfrute de la lectura.

Cuando lees, te gusta imaginar qué ocurrirá a continuación, y sabes que esa incertidumbre es la que te anima a continuar. Eso nos sucede a todos los lectores. Debes pensar siempre que a quienes lean tus cuentos les ocurrirá lo mismo. Por eso, no desveles antes de tiempo los secretos de tu historia y permite a tus lectores que jueguen a imaginar y aventurar posibilidades. De cualquier forma, tú eres siempre quien tiene la clave y quien decide el verdadero y único final.

Es fundamental que, antes de ponerte a redactar, prepares un pequeño guión con los pasos principales de tu cuento. De este modo, luego te será mucho más sencillo escribir porque te limitarás a seguir uno a uno esos puntos que tú mismo te has marcado y evitarás salirte de la idea principal que concebiste para tu cuento. Yo llevo toda la vida haciéndolo así, y créeme que da buen resultado. Te pondré un ejemplo:

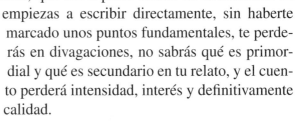

Imaginemos que vas a escribir un cuento donde relatarás cómo dos niños se ven obligados a entrar en una vieja casa abandonada para recuperar su pelota, que fue a parar dentro de la mansión. Si empiezas a escribir directamente, sin haberte marcado unos puntos fundamentales, te perderás en divagaciones, no sabrás qué es primordial y qué es secundario en tu relato, y el cuento perderá intensidad, interés y definitivamente calidad.

Antes de empezar a redactar un cuento, yo suelo escribir algo como esto:

# Ejemplo de guión previo:

| | |
|---|---|
| **PRESENTA-CIÓN DE PERSONAJES Y DEL LUGAR** | -Verano. Última hora de la tarde, casi oscurece.<br>-Dos niños juegan a la pelota al lado de una vieja casona abandonada. Ambientar la escena.<br>-Nombres de los niños.<br>-La casa tiene fama de lugar siniestro. |
| **APARECE EL PROBLEMA** | -Uno de ellos golpea demasiado fuerte el balón, que se cuela por una ventana abierta dentro del caserón.<br>-Temen entrar. Además, sus padres les prohibieron acercarse a la casa. |
| **INTENTAN SOLUCIONAR-LO** | -No quieren perder la pelota. Buscan una forma de entrar.<br>-Por una puerta trasera rota, entran muertos de miedo. Todo está oscuro. Polvo y telarañas. |
| **TIENEN MIEDO. OCURREN COSAS RARAS** | -Saben que la pelota está en el primer piso. Buscan la escalera para llegar allí.<br>-Ruidos. Todo cruje. Es de noche y no se ve nada. Uno de ellos tiene una caja de fósforos, pero no le quedan muchos.<br>-Encuentran la escalera. Larga y muy empinada. Deben darse prisa o se quedarán sin fósforos y, por tanto, sin luz.<br>-Aumenta su nerviosismo.<br>-Llegan al piso superior, pero no saben en qué habitación está el balón. Deben mirar una por una, y cada vez quedan menos fósforos. |

| | |
|---|---|
| LOS PROBLEMAS EMPEORAN | -No hay rastro del balón. Sólo quedan dos fósforos. Si no lo encuentran de inmediato, no tendrán luz para volver a la calle. |
| | -Detrás de cada puerta, sustos constantes (ratón, telaraña grande, objeto apoyado que cae...). |
| | -Último fósforo. Deben abandonar la casa. |
| | -Se oyen golpes muy fuertes y voces que parecen de ultratumba. Creen reconocer que les llaman por sus nombres. |
| | -Corren hacia la escalera para bajar. Al llegar al primer escalón, el último fósforo se apaga. |
| | -Están completamente a oscuras. Ahora bajan a tientas. Deben ir muy despacio para no caer. |
| ESTÁN PERDIDOS. LAS FUERZAS DEL MAL LES ACOSAN | -La puerta principal de la casona se abre de golpe. Pasos y murmullos. Creen que los fantasmas de la casa van en su busca. |
| | -Ha llegado su última hora. Corren a tientas hacia la parte trasera de la casa, por donde entraron. |
| | -Pasos a sus espaldas. Los siguen. Alguien les llama. Las voces resuenan lúgubres por todo el caserón. |
| | -Los niños lloran, gritan, piden socorro. Los «fantasmas» están a dos pasos de ellos. |
| FINAL FELIZ. SUS PADRES LOS ENCUENTRAN | -De pronto, una linterna los enfoca directamente. Los fantasmas no usan linterna. Las voces son conocidas. Son sus padres que vinieron en su busca por su tardanza en regresar a casa. |
| | -Con la linterna, encuentran pronto la pelota. Todo ha acabado, pero les aguarda un castigo por desobedecer la prohibición de sus padres. |

## • Sugiere y crea dudas, para mantener el interés. Intriga: ¿Qué va a ocurrir?

En todo cuento hay un factor de **intriga** inevitable, que no es otro que el final. El lector desconoce cuál será el desenlace de los hechos, aunque conforme se le van presentando pueda aventurarse a anticipar un final. Y esa intriga que siente al avanzar en su lectura es la que hace que termine de leer el cuento. Por eso es importante mantener siempre el interés del lector y conseguir que este se pregunte «¿Qué va a pasar ahora?».

*¿Serías capaz de escribir este cuento basándote en el guión que te he mostrado? No tengo duda de que lo harás muy bien. Pero antes sigue leyendo lo que te voy a explicar.*

Si comienzas un relato escribiendo:

> *Hace tiempo que murió mi perro, pero me parece que fue ayer mismo. Era mi más fiel amigo y creo que jamás lo olvidaré. Lo mató un vecino, molesto porque pisoteaba su jardín. Fue horrible. Lo relataré con más detalle:*
>
> *Sucedió que...*

¿Crees que este inicio puede despertar realmente el interés de un lector, cuando ya le hemos desvelado el final, es decir, la muerte del perro y la gran tristeza del personaje que narra? El único interés residirá en conocer la forma en que ocurrieron las cosas, pero el lector no leerá en busca de nada decisivo que no conozca ya.

Sería bien distinto si lo comenzásemos, por ejemplo, de este otro modo:

*Hace tiempo que sucedió algo horrible, pero yo tengo la sensación de que fue ayer mismo. No creo que jamás pueda olvidarlo. Quizá por eso mismo necesito escribir y relatar lo ocurrido, y voy a hacerlo ahora.*

*Sucedió que...*

Ahora el lector no sabe qué es eso tan horrible que sucedió ni por qué causó tanta impresión en el personaje que narra. Evidentemente, se sentirá interesado en seguir leyendo y conocer los hechos, además del final, que tampoco puede siquiera imaginar. También es un buen recurso hacer que el lector imagine varios finales posibles, de los cuáles sólo uno se dará.

En mis muchos años de vida, he visto cómo escritores inexpertos recurren en casi todos sus cuentos al **final sorpresa**, creyendo que ése es el único modo de impactar al lector. ¡Qué equivocados están! El verdadero valor de un buen cuento está en lograr que a lo largo de todo el relato y desde su principio se mantenga viva la **atención** de quien lee. El cuento debe resultar interesante no sólo por su inesperado final, porque en muchos casos el lector se habrá cansado y no llegará hasta allí, sino por la **intensidad** de la historia que se cuenta. La experiencia te irá enseñando cómo hacerlo, pero, al menos en principio, debes seguir las instrucciones que te doy en este capítulo.

Del mismo modo, hagamos que quien nos lee sienta la **tensión** del momento que viven los personajes del cuento. No es igual narrar así:

> *Jaime vio que había huellas recientes en el polvo de la mesa. Pensó que quizá él había estado allí el día antes y no lo recordaba. Se puso nervioso y le dio miedo pensar que las huellas no fueran suyas pero, claro, era imposible. El cuarto trastero siempre estaba cerrado.*

Que hacerlo de este otro modo. Observa que he tratado de que el lector imagine la situación y se vea en la piel del protagonista:

> *Las huellas recientes que Jaime encontró en el polvo de la mesa no eran de sus gatos. Él vivía solo desde hacía mucho tiempo y llevaba años sin entrar en aquel enorme y cochambroso trastero que, además, siempre estuvo cerrado con llave. Sus ojos, todavía acostumbrándose a la oscuridad, recorrieron la estancia. Allí dentro, en cualquier rincón, debajo de cualquier mueble desvencijado y podrido, estaba el autor de esas marcas. Quizá lo estaba observando desde su escondite y en cualquier momento podía saltar sobre él.*

## • Utiliza los sentidos

Después de haber hablado tanto, necesito descansar. A mis años uno se fatiga con facilidad. Pero como tú todavía conservas energías, déjame que te explique una última cosa antes de que terminemos por hoy.

Es muy importante que el lector te crea. Tu cuento, aunque sea de tipo fantástico o de ciencia-ficción, tiene que resultar verosímil, es decir, los hechos que en él se cuentan deben tener una mínima **lógica**. Sin esa lógica, la historia sería caótica y el lector entraría en una confusión inevitable.

Del mismo modo, para que un relato sea **creíble** hay que hacer que tenga una base real. La vida está llena de olores, sonidos, sabores, colores, del tacto de una tela, de una piedra o del hocico húmedo de tu perro. Tú debes conseguir que el lector pueda tocar, oler, escuchar, **sentir** lo que en ese relato sucede. Como escritor debes poner en marcha tus sentidos para transmitir a quien te ha de leer las sensaciones que los personajes experimentan. Comunica al lector qué ve el protagonista, qué escucha, cómo se siente, los olores que percibe. De esta forma lograrás que penetre en la escena y la viva con los personajes.

Es importante que te acostumbres a **sugerir**, más que a mostrar o describir. Resulta más elegante literariamente hablando y, sobre todo, te ayudará a mantener el interés de tus lectores. Te pondré un ejemplo:

DESCRIBIR:

Carlos agarró el martillo, que le pareció muy pesado, y golpeó con fuerza el maldito clavo. Pero tampoco ahora consiguió clavarlo. Entonces, Carlos se enojó y lanzó lejos el martillo.

SUGERIR:

Cuando Carlos levantó el martillo para golpear, tuvo que emplearse a fondo. El golpe sonó seco y rotundo, pero el clavo continuaba empeñado en resistirse. La paciencia de Carlos había alcanzado su límite, y el martillo voló por los aires.

Está clara la diferencia, ¿verdad?

> • Intriga al lector • Crea tensión • Sé concreto
> • Sugiere • Hazlo creíble

Es el momento de que realices el ejercicio que te propuse antes. Basándote en el guión previo que te mostré como ejemplo, escribe el cuento que ahí se sugiere. Pon especial atención en seguir los pasos que marca el guión. En seguida comprobarás las ventajas del método. Procura mantener el interés del lector a base de intriga, tensión y misterio.

# CAPÍTULO 8

# El autor

*El autor es quien cuenta la historia a través del narrador y los personajes*

## • ¿Quién es el autor?

El diccionario de la lengua española nos dice, entre otras cosas, que el autor es la persona que ha hecho alguna obra científica, literaria o artística. Y esto es cierto. Tú eres o serás el autor de los cuentos que escribas y como tal tienes derechos inalienables que ya conoces o que pronto conocerás.

Podríamos pensar equivocadamente que el autor del cuento es al mismo tiempo el narrador de los sucesos. Pero en la mayoría de los casos no es así.

El narrador puede ser un personaje del cuento, un testigo de los

hechos relatados o una voz que lo sabe todo. Éste último sabe lo que piensan los personajes, qué han hecho en el pasado, qué harán en el futuro y muchas cosas más; este narrador se llama omnisciente y no aparece en el cuento. Es una voz ajena a los sucesos que narra.

> El autor es una persona real que no pertenece a la obra. A la obra pertenecen los seres imaginarios o de ficción que crea el autor, y pertenece también el narrador que es la voz que cuenta los hechos.

### • La actitud del autor

Como creador del cuento, el autor puede tomar dos actitudes: una subjetiva y otra objetiva. A lo mejor no conoces el significado de estas palabras un tanto extrañas. No te preocupes, porque te las explico ahora mismo. Si toma la **actitud subjetiva**, el autor estará manifestando, a través del narrador, su punto de vista según su manera particular de pensar; estará introduciendo su opinión personal. Ejemplo:

*El perro malo vio al gato que cruzaba la calle y sin pensarlo dos veces se abalanzó sobre él.*

Como puedes observar, el autor, a través del narrador, califica al perro de malo, sin tomar en cuenta que el pobre animal sólo está respondiendo a su instinto. Hay una valoración subjetiva.

Por el contrario, el autor mantiene una **actitud objetiva** cuando narra los acontecimientos sin tomar partido; podríamos decir que lo hace en forma fría o desapasionada. Por ejemplo:

*El niño vio el carrito que le gustaba y que sus padres se negaban a comprarle, y dándose cuenta de que el vendedor estaba distraído, lo tomó y salió en precipitada fuga, llevándoselo como quien se lleva un trofeo de caza.*

Notarás que el autor, a través del narrador, describe los hechos tal como sucedieron, sin emitir juicios de valor. No menciona si lo que hace el niño le parece bueno o malo.

La actitud dependerá de la intención del escritor, de las exigencias del cuento en particular o del estilo personal.

## • El tono narrativo

Las palabras son los materiales con los que cuenta el autor, siempre a través del narrador, para despertar las emociones del lector. Por medio de esas palabras el autor consigue causar el efecto deseado, siempre que las utilice en un determinado tono, que, según el tipo de cuento, podrá ser irónico, jocoso, doloroso, melancólico, dubitativo, sarcástico, etc.

El tono es tan importante o más que lo que se dice, pues es el que causa el efecto deseado; es el que despertará las emociones en el lector y lo llevará a decir «¡qué buen cuento!» o «¡ese sí me gustó!». Muchas veces es más importante para lograr un efecto en el lector el **cómo se cuenta un hecho** que el propio hecho en sí mismo. Ésta es la importancia fundamental del tono narrativo.

El tono en un cuento es la actitud emocional que toma el autor, a través del narrador, hacia los hechos y los personajes de su historia.

Cuando inicia un cuento, el escritor (el autor) decide quién será el narrador y si narrará en primera, segunda o tercera persona. Del mismo modo, elige el tono que empleará.

El mismo texto varía según el tono con que se cuenta. Una frase literaria dicha en tono satírico, no significa lo mismo que expresada en tono frío o distante. Un ejemplo:

*En ese colegio hay chicas lindas, feas y las de cuarto grado.*

El autor puede mostrar **su implicación en los hechos** que cuenta a través del narrador, expresando su opinión o su sentimiento personal respecto a lo que sucede en la historia.

En este caso, nos daremos cuenta de que el autor se implica emocionalmente y sus sentimientos son las directrices que lo guían.

*José caminaba con la sonrisa prendida en los labios cuando, de repente, se dio cuenta de que había perdido el billete que le había regalado su querido padrino. La sonrisa voló de su boca con pasmosa facilidad y en su lugar se posó un extraño rictus que se extendió por todo su rostro. Derramó abundantes lágrimas que, presurosas, brotaban de esos ojos que antes chispeaban iluminados por la ilusión de la compra de un delicioso helado.*

Cuando el autor elige distanciarse de los hechos narrados en su cuento, el tono cambia y emplea formas impersonales y de tipo general. Las expresiones son frías y presenta los acontecimientos ante el lector tratándolos como una simple información. Hay un claro **distanciamiento** del autor con respecto a la historia.

*José caminaba rumbo a la heladería a comprar un sorbete con el dinero que recién le había dado su padrino. De repente se dio cuenta de que había perdido el billete y no le quedó más que regresar a su casa.*

Notarás que en el primer texto el narrador se implica más en los hechos, sintiendo la frustración ocasionada por la perdida del billete, y trata de mostrarle al lector las emociones que siente el personaje. Mientras que en el segundo texto se limita a narrar el hecho sin emoción. El texto es más frío.

Al escribir un cuento puedes utilizar un solo tono o varios, o sus combinaciones; depende de los resultados que desees producir o de las escenas que quieras representar. Es conveniente saber desde el principio qué tipo de narrador vamos a utilizar, aunque en el desarrollo del cuento lo podemos cambiar si es necesario. El escritor siempre debe estar dispuesto a corregir, modificar y tomar cualquier otra decisión que mejore su trabajo.

*Veo que tampoco está por aquí mi querida Trofa. ¿Dónde se habrá metido?*

## • El registro lingüístico

También es muy importante que seas capaz de olvidarte de tu propio lenguaje cotidiano a la hora de escribir tus cuentos. El lenguaje que se utiliza en la narrativa literaria no es el mismo que usamos en nuestra vida diaria, sino que se adapta a los diferentes personajes, quienes estarán influenciados por su cultura, oficio, procedencia o circunstancia, y también a las situaciones distintas que se den en cada relato. Notarás que, inclusive, tú no utilizas el mismo lenguaje con tus amigos del colegio que en tus relaciones familiares.

Para dar autenticidad a los actores del cuento, deberás dotarlos de una manera particular de expresión, que dependerá siempre de quién es el personaje. Es preciso ajustar las voces de los personajes a su realidad.

Observa a tu alrededor, escucha cómo habla un extranjero, un obrero, un catedrático universitario, un habitante de otra región de tu país, un anciano, un joven, etcétera. Cada uno utilizará diferentes vocabularios o entonaciones, pero siempre nos entenderemos. Y tú debes reflejar esos lenguajes y entonaciones en tus textos literarios para darles autenticidad.

Un extranjero podrá decir:

—*Mi querer un vaso de agua* —y así tendrás que expresarlo para demostrar que se trata de un nativo de otro país o cultura.

¿Te parece familiar este tipo de habla?:

—*Órale mi broder, ¿qué onda?*

—*Quiubo, güey, ¿qué trais?*

Seguro que sí. Es el lenguaje que, en algunos países de la América de habla hispana, solemos llamar *de la calle*. De ésa y mil maneras más tendrán que expresarse algunos de tus personajes. A esa forma de expresión se le llama **lenguaje coloquial**, y corresponde al autor —es decir, a ti— decidir cuándo y con qué personajes la usará.

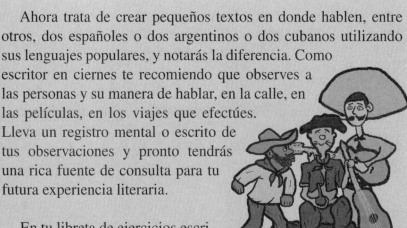

Ahora trata de crear pequeños textos en donde hablen, entre otros, dos españoles o dos argentinos o dos cubanos utilizando sus lenguajes populares, y notarás la diferencia. Como escritor en ciernes te recomiendo que observes a las personas y su manera de hablar, en la calle, en las películas, en los viajes que efectúes. Lleva un registro mental o escrito de tus observaciones y pronto tendrás una rica fuente de consulta para tu futura experiencia literaria.

En tu libreta de ejercicios escribe unos textos breves que consistan en lo siguiente:

• Una conversación entre dos marineros.

• Un pequeño diálogo entre dos jóvenes rockeros.

• Un diálogo entre un profesor y un pordiosero.

Dale vuelo a tu imaginación. Eso es lo importante.

Mientras buscaba a mi nieta, se me ha ocurrido escribir un cuento de ejemplo para ti, donde puedes ver varias de las cosas que hemos comentado. Trata de identificarlas. Examínalo con detenimiento y disfrútalo.

## La tortuga andariega

Yo amo a Adriana, mi tortuga; es bella, andariega y graciosa. Más que una mascota, es mi amiga. Se puede decir que somos inseparables y su hermoso nombre de origen latino significa *La que viene del mar.*

Tenemos por costumbre salir a pasear para hacer ejercicio y para disfrutar del aire puro de la periferia de la ciudad. El viernes pasado, aprovechando que la circulación de vehículos se había interrumpido, la saqué a la calle y le quité la correa para que se sintiera en completa libertad y disfrutara más de su caminata. Me quedé en la puerta de la casa mientras ella, segura de si misma, cruzó la acera, descendió y tomó el carril central, y empezó a avanzar; de vez en cuando me volvía a ver, como tratando de comprobar que gozaba de mi confianza y se fue alejando.

Avanzaba a su habitual velocidad, tranquila y confiada, cuando de nuevo empezó a circular el tránsito y tuve que correr en su auxilio. Mi trabajo consistió en prevenir a los pilotos, para que tuvieran cuidado con mi querido quelonio. Todos los conductores, comprensivos y al mismo tiempo divertidos, disminuyeron velocidad y la esquivaron con gentileza. Así pasamos largo tiempo, ella ganando terreno y yo sirviéndole de ángel guardián.

Conforme avanzaba, centímetro a centímetro, los curiosos empezaron a aglomerarse y a escoltarnos en ese peregrinaje. Después de algún tiempo, cuando la andarina por fin llegó a la meta que se había fijado, la multitud estalló en aplausos. Había recorrido doscientos metros y se sentía exhausta; con su lengüita de fuera jadeaba por el esfuerzo efectuado, pero exhibía una gloriosa sonrisa de satisfacción.

A Adriana se le veía realizada y vivió con toda intensidad sus quince minutos de gloria. En esa oportunidad no impuso ninguna marca y no se le podía exigir más, pero regresó a la casa en hombros de sus admiradores. Ya habrá tiempo para que entrene y quién sabe si el día de mañana pueda participar en competencias de su categoría y hasta conquistar la codiciada medalla que la acredite como campeona olímpica. Después de todo, no será la primera tortuga que haga historia ganando una competencia. Con dedicación y perseverancia todo es posible.

Llega tu turno. Pon en práctica tus dotes de autor y escribe un cuento corto, queda a tu elección implicarte mucho o no hacerlo en absoluto a la hora de encarar el relato, así como el tema. Trato de que tengas completa libertad de acción y de que puedas desarrollar tu imaginación al máximo.

Te recomiendo que leas mucho, principalmente a los cuentistas más importantes de nuestro idioma. Fíjate en su manera de narrar y, si hubiera conversaciones coloquiales, observa cómo se desarrollan. Si quieres ser autor de tus propias obras, aprende bien cómo trabajan los grandes autores.

# CAPÍTULO 9

# El narrador

Narrar es contar o referir lo que sucede, sea un hecho real o una historia de ficción.

Imaginemos que tienes unos personajes a los que sucede algo, y ese algo es la historia que quieres contar. Pero si esos personajes actúan en tu relato sin que nadie explique nada al lector, éste apenas entenderá qué ocurre. La comunicación no será posible porque el mundo de los personajes de tu relato es ajeno al del lector. Es necesaria una voz que establezca esa comunicación con el que lee, de manera que le transmita lo que sucede, lo que los personajes dicen, hacen, sienten o piensan, cómo son los lugares donde se mueven o quiénes son los propios protagonistas. Esa voz que te habla cuando lees un cuento y te ayuda a comprender lo que en él ocurre es la del narrador. Y tú mismo, sin darte cuenta, cuando empiezas a leer el cuento aceptas que alguien te va a guiar de la mano a través de las cosas que van aconteciendo, es decir, aceptas la voz del narrador y crees firmemente todo lo que él te dice, porque es quien mejor conoce la historia.

El narrador es la voz que nos cuenta todo lo que debemos saber y los personajes de la historia no pueden decirnos.

Veamos un pequeño ejemplo:

**Era una fría mañana de invierno. Antes de salir a la calle, Celia se puso su abrigo y cubrió su cuello con la gruesa bufanda de lana.**

—Adiós, mamá. Me voy a la escuela.

—Ten cuidado, Celia —**le dijo su madre desde el salón.**

**Mientras caminaba en dirección a la parada del autobús, la muchacha pensaba en lo desafortunada que era.**

—¿Por qué tengo que ir a la escuela? Todo el mundo en la calle va y viene, son libres, tienen empleos divertidos donde pueden hablar todo el tiempo, mientras que yo tengo que estar horas y horas sentada en el aula escuchando la cantinela del profesor, y apenas tengo tiempo para divertirme con mis amigas.

**Pero pronto Celia se cruzó con un guardia urbano que dirigía el tráfico en la avenida atestada de vehículos.**

—Si él comete un error —**pensó la niña**— podría haber un accidente. Su labor es muy importante y muy difícil. Y se pasa todo el día ahí, rodeado de autos que van y vienen. Yo no quiero ser guardia.

**En seguida escuchó una sirena que se aproximaba. Todos los vehículos se apartaron y una ambulancia pasó a toda velocidad.**

—Las personas que viajan en esa ambulancia corren un gran peligro —**se dijo Celia**—. Además, de ellas depende la vida del enfermo que transportan. ¡Cuánta responsabilidad! No me gustaría trabajar en una ambulancia.

**Al pasar por delante de la pescadería, saludó a Eusebio, el pescatero. Celia sabía que él se levantaba a las cuatro de la madrugada para ir a comprar el pescado en la lonja, y luego debía pasar todo el día tras el mostrador, vendiéndolo a sus clientes.**

—¿Cuándo duerme Eusebio? —**se preguntó**—. ¿Y cuándo tiene un rato para jugar con sus hijos? Y si un día nadie entra a su tienda a comprar, ¿no ganará ningún dinero? Creo que no me gustaría trabajar en una pescadería.

**Al considerar todo lo que acababa de ver, Celia se detuvo, pensativa.**

—Bueno, quizá después de todo no sea tan malo ser estudiante —**concluyó satisfecha**—. La verdad es que no me gusta ninguno de los trabajos que veo a mi alrededor. Son todos muy duros y difíciles, porque son para personas mayores, y yo aún soy una niña.

**Y con una sonrisa siguió su camino hacia la parada del autobús que había de llevarla a su escuela. Ahora Celia sonreía, se había olvidado del frío y tenía muchas ganas de encontrarse con sus compañeras.**

En este breve cuento **he resaltado la voz del narrador**. Ahora puedes ver cuán importante es el narrador en un cuento. Si no existieran sus explicaciones, tú no hubieras comprendido bien la historia de Celia. Observa con detenimiento y fíjate en la gran cantidad de información que el narrador te proporciona. Verás que no sólo emite sus propias frases, sino que también hace aclaraciones dentro de los diálogos de los personajes. Estas aclaraciones se llaman **acotaciones** y van encerradas entre dos guiones largos (—).

Como puedes ver, la voz del narrador está presente por lo general a lo largo de todo el relato, incluso en los diálogos. Te diré sus misiones más importantes:

- **Explicar todo lo que el lector debe conocer.**

- **Matizar lo que dicen los personajes (acotaciones).**

- **Describir personajes, sucesos, lugares, objetos, etc.**

- **Dejar pistas que aumenten el interés del relato.**

Como estoy seguro de que has comprendido a la perfección lo que te acabo de explicar, te propongo un ejercicio muy sencillo: Debes identificar en el siguiente texto la voz del narrador. Para ello, cópialo en tu libreta de ejercicios y marca con un rotulador del color que quieras todas las frases o acotaciones que corresponden al narrador del cuento.

# El oso Grom

El gran oso Grom llevaba varios días con hambre, pero no encontraba nada para comer. En el hermoso bosque donde vivía se estaba terminando el alimento y él necesitaba muchos kilos de comida para alimentar ese corpachón.

—Cuando era un osezno, a veces mi padre traía miel a casa —recordaba Grom con nostalgia—. En esas ocasiones, la comida era todo un festín. Pero nunca se me ocurrió preguntar a mi padre dónde conseguía ese exquisito manjar.

Al anochecer rugía desesperado por verse incapaz de conseguir nada que llevarse a las fauces. Una noche, en uno de esos instantes de furia y desesperación, salió de la madriguera y descargó su rabia contra un hermoso árbol que había junto a ella. Lo zarandeó una y otra vez, y maldijo su suerte. De pronto, algo pesado golpeó en su cabeza y quedó en el suelo, a sus pies. Cuando lo tomó entre sus zarpas, notó que aquello olía exactamente igual que la miel que tanto añoraba.

—¡Esto es un panal! —descubrió asombrado—. ¡Un panal lleno de rica miel! ¡Por fin sé de dónde la extraía mi padre! ¡Ahora podré comer toda la que quiera, hasta hartarme!

Pero un creciente zumbido que provenía del propio panal llamó su atención y, sin darse cuenta, se encontró rodeado de un enjambre de abejas furiosas porque las había dejado sin casa.

Grom corrió y corrió durante mucho tiempo tratando de esconderse de las furibundas abejas, que lo persiguieron hasta que, agotadas, regresaron para construir un nuevo hogar. Cuando el oso quiso darse cuenta, se había alejado tanto de su madriguera que ya no sabía volver. De pronto oyó reír a unos niños. Muy cerca de allí, una familia de humanos había extendido su mantel en el suelo y estaba tomando una rica merienda.

—Esta zona debe de ser donde los humanos vienen de excursión —pensó Grom mientras a su olfato llegaba el rico aroma de las tortillas, las salsas y los pasteles que los humanos comían.

Tanto correr le había abierto el apetito. De repente, tuvo una idea. Salió de su escondite entre los arbustos rugiendo y abriendo bien las fauces para mostrar su poderosa dentadura. Los humanos corrieron despavoridos hacia su auto y se marcharon de allí a toda prisa, abandonando toda la comida. Grom había encontrado una buena manera de alimentarse con los manjares más exquisitos, sin necesidad de arriesgarse a ser picado por miles de abejas.

—Gracias a las benditas abejas —se dijo, contento— he encontrado un paraje donde podré comer cada día. No he catado la miel, pero a cambio aquí tengo alimento garantizado para mucho tiempo. Me bastará con asustar de vez en cuando a esos humanos que se creen tan listos.

Y Grom aceptó contento lo que el destino le trajo, y vivió bien alimentado durante muchos años más, sin necesidad de hacer jamás daño a ningún humano o animal.

De nuevo te habrás dado cuenta de la importante labor que el narrador realiza en los cuentos. Su voz es la que te ha permitido situarte en la historia del oso Grom y comprender qué le ocurrió y cómo terminaron las cosas.

## • Punto de vista

Seguramente te resultará familiar la expresión punto de vista. Se utiliza en muchas facetas de la vida y también en la que a nosotros nos interesa ahora: escribir cuentos. El **punto de vista narrativo** es el ángulo desde donde se observa la historia. No es lo mismo presenciar una escena siendo uno de los protagonistas que verla como un mero espectador que no interviene en lo que ocurre. Tampoco es igual relatar unos hechos que ocurrieron en el pasado que relatarlos

conforme suceden ante nuestros ojos en el presente. Por eso, el punto de vista es cada una de las diferentes maneras en que puede ser visto y narrado un cuento.

Cada uno de los protagonistas de un cuento podría contarlo de manera distinta, porque cada uno de ellos tiene un punto de vista diferente. Es algo fundamental a la hora de escribir, porque de ello dependerá cómo hable el narrador y en qué tiempo verbal lo haga. Un escritor debe pensar siempre qué punto de vista usará antes de empezar a escribir su cuento, y lo más importante es que **elija aquél desde el que mejor se mira la historia**. Ese punto de observación idóneo es el que el escritor debe encontrar antes de escribir su cuento. Para ello, hará los borradores que sea necesario.

No debes conformarte nunca con el primer punto de vista que encuentres para un cuento. Prueba siempre con otros ángulos diferentes, cambia el tiempo de la narración, descubre si la historia mejora narrándola desde otra perspectiva. Tendrás agradables sorpresas.

En tus lecturas habrás observado que el narrador, por lo general, suele relatar los sucesos **en tercera persona**, es decir, refiriendo acontecimientos que otros han vivido, tal como sucede en el siguiente ejemplo:

*Jacinto llegó corriendo. Su corazón palpitaba muy acelerado después de subir los cuatro pisos por las escaleras. Él sabía que Elena lo esperaba impaciente, y no quería echarlo todo a perder.*

*Pero cuando abrió la puerta de la cocina, ella apenas había dejado unas migajas del enorme pastel de chocolate que habían planeado comer juntos.*

Ésta es la forma usual en que el narrador comunica al lector lo que aconteció. Parece como si él hubiera presenciado todo lo ocurrido y luego lo relatase. Además, si has leído con atención el texto anterior, te habrás percatado de que el narrador sabe incluso qué pensaba Jacinto («Él sabía que Elena lo esperaba impaciente, y no quería echarlo todo a perder»). Da la impresión de que el narrador puede leer las mentes de los personajes y conoce sus intenciones, sus deseos, sus sentimientos. Como ya dije, ésta es la voz narrativa más usada por los escritores, y se le llama técnicamente narrador **omnisciente**, es decir, el narrador que lo sabe todo.

Y hay un detalle que quiero que tengas siempre muy presente: **El narrador nunca miente**. ¿Imaginas qué ocurriría si engañase al lector? Ese pobre lector no entendería nada, porque los acontecimientos que le cuenta no coincidirían con el comportamiento de los personajes ni con lo que éstos dicen. Precisamente por el acuerdo implícito entre lector y narrador que te expliqué al principio de este capítulo, y que se establece al inicio de la lectura del cuento, la voz que narra nunca debe defraudar la confianza de quien lee, porque ahí terminaría toda la magia del cuento.

En todo caso, el narrador puede no contar toda la verdad, quizá para mantener la intriga o el interés de la historia, o bien, si es uno de los protagonistas del relato, narrará desde su punto de vista personal, pero jamás mentirá de manera consciente al lector.

Muchos cuentos se escriben usando la voz del narrador omnisciente, pero no es la única forma de narrar.

Imagina que el narrador, además de haber presenciado lo sucedido, fuera también uno de los protagonistas de la historia. Entonces contaría las cosas tal como él las vio en cada momento. A esta otra modalidad de narración se le denomina narrar **en primera persona.** Lo verás mejor con un ejemplo:

*Tina pasó muy buenos ratos conmigo; no acabo de entender por qué ya no me busca. Siempre estuve dispuesta a seguirla en sus juegos; gracias a mí sus ratos de ocio fueron divertidos. Además, me gusta mantenerme aseada y presentable. No soy tan vieja ni estoy achacosa ni tampoco demasiado desgastada por el tiempo. En fin, algún día alguien sabrá explicarme por qué Tina no se acuerda ya de jugar conmigo. Después de todo, siempre fui su muñeca favorita.*

*Me pregunto si esto se deberá a que ya creció y ahora va a la universidad...*

En este minicuento, el narrador es también el personaje principal de la historia. Una muñeca habla a los lectores y les refiere que se siente desgraciada porque su propietaria ya no se acuerda de jugar con ella. Y, sin estar muy segura, ella misma da al lector la respuesta: su dueña ya creció.

Es un claro ejemplo de narración en primera persona, modalidad que también se utiliza con mucha frecuencia en la narrativa en general, aunque quizá menos en los cuentos. Al narrar en primera persona, el narrador se convierte en un personaje de la historia y la cuenta desde dentro de los propios acontecimientos, lo que le añade intensidad y hace el relato más creíble.

Otras veces, el narrador habla en primera persona pero no participa de la historia como un personaje más, sino que se limita a relatar lo que ocurre a otros.

En cualquier caso, ten siempre en cuenta que **el narrador en primera persona no puede ser omnisciente**, es decir, no puede saberlo todo. Esto es lógico si pensamos que este tipo de narrador es un personaje (principal o secundario), y ningún personaje sabe lo que piensan los otros ni conoce aquellos hechos que no pueda presenciar.

Se da también la narración en **segunda persona**. Es un punto de vista poco usual para narrar un cuento, puesto que la voz del narrador se dirige a alguien que no es el lector, y le habla directamente utilizando un nombre propio o alguno de los pronombres tú, vos, vosotros, ustedes. No encontrarás esta forma narrativa en muchos cuentos, porque se utiliza casi de forma experimental, para conseguir un determinado efecto de intensidad.

Ahora te propongo un ejercicio divertido. Quiero que tomes tu libreta y escribas el cuento *El oso Grom*, cambiando el punto de vista narrativo. Lo harás narrando en primera persona, es decir, debe ser el propio protagonista —el oso— quien narra lo que le sucedió. Puedes elegir entre relatarlo en pasado, el mismo tiempo verbal en que está escrito, como si ya te hubiera sucedido todo, o hacerlo en tiempo presente, relatando los hechos conforme te ocurren ahora.

Pero lo más importante es que trates de pensar como lo haría un oso (en el caso de que los osos pensasen). Siéntete como él, enorme, peludo, fuerte y muy hambriento. Para el oso, el bosque

es su casa, conoce todos los rincones, los sonidos, los olores. Sabe que los demás animales le temen, y él necesita cazar para alimentarse, aunque también puede comer otras cosas.

Lo empezaré, para que veas qué fácil es convertirse, de pronto, en un oso:

*Soy un oso grande y me llamo Grom. Vivo en un hermoso bosque, pero tengo mucha hambre porque...*

— Capítulo 10 —

# La acción y la trama

He dejado para el final algunos de los conceptos menos fáciles de entender. Con lo que has aprendido en los capítulos anteriores, ahora estás en disposición de asimilarlos mejor.

Pero antes de definir los conceptos fundamentales de este capítulo, quiero proponerte que leas con atención el comienzo del cuento *El protagonista*.

> [...] Guillermo Melquíades recordaba cuando eran cuatro de familia. Al llegar de su trabajo sus hijos corrían a sentarse en sus piernas esperando el regalo del día. Después de besos, abrazos y un rato de deleite familiar, les decía: «Nunca olviden que yo soy don Guillermo Melquíades, que nació con una única ilusión: convertirse en un hombre de éxito.» Pero todo quedó en la utopía. En la absurda idea de que el triunfo está al doblar de la esquina, a merced del azar. Ese día, de haberse quedado en la soledad de su casa, Melquíades no lo hubiera perdido todo, incluso lo que más anhelaba: abrazar al protagonista de su historia. [...]

Como puedes observar en este primer párrafo de la historia, el autor hace un planteamiento muy claro del asunto sobre el que va a tratar la misma, y cumple un objetivo muy importante: da a sus lectores la **información básica** que necesitan para que la historia arranque, y al mismo tiempo los atrapa. Sin revelar mucho aún, prepara el desarrollo del cuento; da una idea sobre el camino que seguirá su narración. Esto lo lleva a cabo mediante **una imagen** inicial, que sirve de anticipo y además logra enganchar el interés de quienes leemos.

El **tema** es el asunto general que se desarrollará en el argumento de una historia.

Los **motivos** son aquellos elementos que caracterizan **la acción**, a **los personajes** y a **las circunstancias** de la propia acción. El tema es el resultado de la insistencia de muchos motivos.

Date entonces unos minutos y contesta las siguientes preguntas. Estoy seguro de que, con lo que has leído de *El protagonista*, podrás responderlas:

1. **¿Quién** será el personaje principal de la historia?

2. ¿Cuál es la situación que queda clara al momento de comenzar el relato y que te da una señal sobre qué **tema** se tratará en él?

3. ¿En qué **tiempo** tiene lugar lo que se cuenta?

4. **¿Dónde** tiene lugar el comienzo de la historia?

Por supuesto que habrás respondido correctamente a las preguntas, y además debes haberte formado una idea muy concreta de hacia dónde va la historia.

Está claro que, antes de ponerte a escribir un cuento, sintetizarás una gran cantidad de ideas, sentimientos, nociones, visiones, etc. Todo esto definirá muy claramente el **tema** que vas a seleccionar para tu relato.

Quiero que des un paso más en el arte de escribir. Inventa una pequeña historia respondiendo de nuevo a las preguntas que te hice antes, pero adecuándolas a lo que tú quieras escribir. Tú eliges el **tema**.

Una vez que tengas definidos **los sucesos** que guiarán la trama de tu historia, entonces será necesario resumirlos bien para que ocupen el menor **tiempo** posible a la hora de narrarlos y no se distraiga la atención de tus lectores.

Y por último, tienes que fijar el **espacio** en el que cada una de las **acciones** va a desarrollarse, de manera tal que se las muestres al lector de forma clara, visible y, sobre todo, creíble.

En otras ocasiones te he hablado de las tres fases fundamentales de cualquier historia: **Planteamiento, nudo** y **desenlace**. Por eso no insistiré ahora en ellas, pero sí añadiré que son las columnas que sostienen la trama de un relato, y que sin ellas no hay acción posible. Pero esto es muy básico y tú ya empiezas a saber mucho.

Todos estos elementos fluirán en ti con facilidad una vez que tengas seleccionado el **tema** sobre el cual tratará tu historia, pero debes prestar mucha atención, porque el tema que elijas será el eje principal de la narración y es un elemento que se repetirá sin variación a lo largo de todo el texto o en gran parte de él.

### • ¿Qué es la acción?

No seas impaciente, querido amigo. Responderé a esa pregunta un poco más adelante. Ahora presta atención a lo que te explico:

Toda narración debe contar un **suceso** que ocurre en el **tiempo** y en un **espacio**. Si en la historia que tú quieres escribir no ocurre nada, entonces no habrás narrado y lo que habrás escrito será un ensayo, un análisis o una reflexión.

Cuando escribes y relatas los hechos en el **orden** en que han sucedido, entonces se dice que es una **narración lineal**. Puede haber alteraciones del orden que den lugar a saltos temporales o anacronismos, que se producen cuando hay discordancia entre el orden de la historia, lógico y lineal, y el orden de la trama, subjetivo y dependiente del punto de vista.

Un salto en el tiempo narrativo que los escritores usamos con frecuencia es el **flash-back** (en inglés: escena retrospectiva). Seguro que has oído hablar de este recurso. Básicamente, consiste en regresar de forma repentina a un momento anterior en la vida de un personaje, **trasladando la acción al pasado** y alterando el orden natural de los hechos. Cuando tengas algo más de experiencia aprenderás a usarlo bien. Ahora fíjate en este ejemplo:

> El despertador sonó a las siete y Juan Pedro estuvo a punto de destrozarlo. Había trasnochado y eso hizo que le costara mucho saltar de la cama. Como de costumbre, salió a la calle dando mordiscos al pequeño bollo que su madre le dejaba en la cocina y subió al autobús escolar. El viaje era largo y Juan Pedro acostumbraba a acomodarse en el asiento y dormitar un poco más. Entonces le vino a la mente la noche anterior.
>
> Cuando terminó de cenar, a eso de las diez, recordó de pronto que a la mañana siguiente tenía que entregar un trabajo para el profesor de Química. Lo había olvidado por completo. ¡Qué despistado! Durante un rato estuvo recriminándose por su distracción, pero finalmente no tuvo más remedio que ponerse a trabajar. En el momento en que, terminada su tarea, se arropaba en la cama y apagaba la luz, vio las tres y cuarto de la madrugada en su pequeño despertador fluorescente. ¿Y cómo me voy a levantar a las siete? —pensó angustiado—. ¡Si apenas me queda tiempo para dormir!

He escrito estas líneas para explicarte mejor en qué consiste el *flash-back*, (¡menudo nombrecito!). En el ejemplo, el narrador comienza contando cómo Juan Pedro sale apresurado de casa y sube al autobús. Una vez allí, se produce el *flash-back*: El muchacho recuerda y revive lo sucedido la noche anterior. La acción se traslada a ese momento en que el protagonista, después de cenar, recordó que tenía pendiente una tarea para la escuela, lo que dio lugar a que se acostara demasiado tarde. El lector vive ese instante como si estuviese ocurriendo en el presente, aunque después el narrador devolverá la acción nuevamente al autobús.

En un cuento, la trama es el propio cuento y tú habrás definido tantas tramas como cuentos hayas escrito.

Llegó el momento de darte una definición de acción, aunque seguramente tú ya habrás intuido su significado:

La acción en un cuento es la sucesión de acontecimientos y peripecias que constituyen su argumento o tema.

Ten cuidado de no confundir acción con trama.

La trama conecta los sucesos en relaciones de causa-efecto. La trama es la marcha de la acción desde principio a fin.

# Epílogo

Estimado amigo:

Hemos llegado al final de la aventura, en la que has tenido al mejor maestro posible: la oruga Dumas. Bueno... ya no podemos llamarle oruga porque te alegrará saber que por fin encontró a su nieta Trofa. Estaba perdida entre unas cuartillas de borradores, las únicas que le permite comer el poeta en cuya biblioteca vive.

Las dos condiciones impuestas por el hada que hechizó al abuelo Dumas fueron cumplidas, y éste pudo hacer su metamorfosis. Ahora es una mariposa cuyas alas lucen colores que van desde el azul cobalto al verde oscuro de las aguas marinas, y desde el ocre del atardecer al amarillo dorado. Si sales al campo, es probable que puedas verlo revolotear. Cuando lo encuentres, agradécele lo mucho que te ha enseñado mientras buscaba a su nieta. La paciencia con que Dumas te aconsejó en las páginas de este libro y tu propio esfuerzo, querido amigo, han permitido que tú también hayas hecho tu metamorfosis personal: ya eres un escritor de cuentos.

Sin embargo, no te relajes por completo. Llegar hasta el final de este libro no significa que tu aprendizaje haya acabado. En absoluto. Recuerda que hasta los más grandes escritores continúan aprendiendo cada día, inclusive después de recibir galardones, honores y reconocimientos a su trabajo. Sigue ejercitando, observando cómo lo hacen otros y poniendo en práctica lo que has aprendido. De este modo comprobarás que tus conocimientos se van afianzando día a día. Nunca creas que ya lo sabes todo; jamás te convenzas de que no te queda nada nuevo por aprender o de que no es posible mejorar tu trabajo. Sería un gran error que ningún buen escritor puede cometer.

Por último, lee siempre. No olvides que el abuelo Dumas leyó mucho durante su larga vida, y aún hoy, entre revoloteos, encuentra cada día un buen rato para seguir leyendo. Recurre siempre a tus padres o profesores para que te aconsejen sobre las mejores lecturas. Hay miles de mundos nuevos, distintos y fantásticos por conocer. Y muchos de ellos están en ti, porque ahora eres un creador de historias.

# Glosario de términos

| | |
|---|---|
| anécdota | Relato breve de un hecho curioso que sirve de ejemplo o entretenimiento. |
| anhelo | Deseo vehemente. |
| antecedente | Circunstancia que sirve para comprender o valorar hechos posteriores. |
| apodo | Nombre con que se conoce a alguien, basado en un defecto físico o en alguna otra circunstancia. |
| arpegio | Sucesión más o menos acelerada de las notas de un acorde. |
| boceto | Proyecto o esquema previo a la ejecución definitiva de una obra. |
| borrador | Escrito provisional en el que pueden hacerse modificaciones. |
| caracterización | Acción y efecto de caracterizar o caracterizarse. |
| caracterizar | Establecer los atributos peculiares de alguien o de algo (por ej. un personaje), de modo que claramente se distinga de los demás. |
| conciso | Que tiene concisión. |
| concisión | Brevedad y economía de palabras al expresar un concepto con exactitud. |

| consciente | Que obra con conocimiento de lo que hace. |
|---|---|
| constancia | 1. Firmeza y perseverancia del ánimo en las resoluciones y en los propósitos. 2. Acción y efecto de consignar o reflejar algo de manera fehaciente. |
| convección | Transporte en un fluido de una magnitud física, como masa, electricidad o calor, por desplazamiento de sus moléculas debido a diferencias de densidad. |
| desgarbado | Falto de garbo. |
| difundir | Propagar o divulgar conocimientos, actitudes, noticias, modas, etc. |
| difusión | Acción y efecto de difundir. |
| divagación | Acción y efecto de divagar. |
| divagar | Hablar o escribir apartándose del asunto de que se trata, sin concierto ni propósito fijo. |
| doblegar (se) | Hacer a alguien desistir de un propósito y prestarse a otro. |
| emoción | 1. Intensa y pasajera alteración del ánimo, agradable o no, acompañada de cierta perturbación somática. 2. Interés expectante con que se participa en algo que ocurre. |
| enmohecido | Cubierto de moho. |

| ente | Persona o entidad que es, existe o puede existir. |
|---|---|
| escena | 1. Lugar en que sucede la acción de una obra literaria o dramática. 2. Cada parte de una obra que constituye una unidad en sí misma y que se caracteriza por la presencia de los mismos personajes. |
| específico | 1. Que es propio de algo y lo caracteriza y distingue de otras cosas. 2. Concreto. |
| estructura | Distribución y orden con que está compuesta una obra literaria. |
| exhaustivo | Que agota o apura por completo. |
| expectativa | 1. Esperanza de lograr algo. 2. Posibilidad razonable de que algo ocurra. |
| extasiado | En estado de éxtasis. |
| éxtasis | Estado del alma enteramente absorbida por un sentimiento de admiración, alegría, etc. |
| fragmento | Trozo de una obra literaria o musical. |
| hechizo | Práctica usada por alguien con poderes sobrenaturales para el logro de sus fines. |
| inalienable | Que no se puede enajenar. |

| lineal | Dicho especialmente de una obra literaria: Narrada de acuerdo con el transcurso natural del tiempo y con poca o ninguna acción paralela o secundaria. |
| --- | --- |
| literatura | Arte cuyo medio de expresión es una lengua. |
| metáfora | Uso de una voz en sentido figurado, en virtud de una comparación sobrentendida. |
| metamorfosis | 1. Transformación de una cosa en otra. 2. Cambio que experimentan ciertos animales durante su desarrollo, y que se manifiesta en la variación de su forma, así como en las funciones y en el género de vida. |
| minucioso | Que tiene en consideración las cosas más pequeñas. |
| moraleja | Enseñanza o lección que se deduce de un cuento, fábula, anécdota, etc. |
| narrativa | 1. Género literario que abarca la novela, la novela corta y el cuento. 2. Acción y efecto de narrar. |
| omitir | 1. Abstenerse de hacer algo. 2. En un discurso o escrito, callar conscientemente algo. |
| oral | Que se hace con la boca o se manifiesta por medio de la palabra hablada. |
| original | 1. Perteneciente o relativo al origen. 2. Que tiene carácter de novedad. |
| ortografía | Conjunto de normas que regulan la escritura de una lengua. |

| | |
|---|---|
| párrafo | Cada una de las divisiones de un escrito señaladas por letra mayúscula al principio y punto y aparte al final. |
| parvada | En El Salvador y México, bandada de aves que vuelan juntas. |
| prehistórico | 1. Relativo o perteneciente al período de la humanidad anterior a todo documento escrito, y que se conoce por determinados vestigios. 2. Fig. Anticuado, viejo. |
| psicología | 1. Parte de la filosofía que estudia el alma. 2. Ciencia que estudia los procesos mentales. |
| recriminar | Reprender a alguien censurando su comportamiento. |
| redactar | Poner por escrito algo que existe en la mente. |
| reflexionar | Considerar algo de nuevo y con detenimiento. |
| refulgente | Que emite resplandor. |
| relato | Narración, cuento. |
| retrospectivo | 1. Lit. Que se basa en una mirada atrás. 2. Que se considera en su desarrollo anterior. |
| rictus | Apariencia o gesto del rostro que muestra un estado de ánimo determinado. |
| rubicundo | Rubio que tira a rojo. |

Escribamos cuentos

| rudeza | Cualidad de rudo. |
|---|---|
| rudo | Tosco, basto. |
| seudónimo | Nombre falso utilizado por un artista en lugar del verdadero. |
| sutil | 1. Delgado, tenue. 2. Agudo, perspicaz, ingenioso. |
| tortilla | 1. Esp. Fritada de huevo batido que a veces lleva algún otro ingrediente, como la patata. 2. Am. Lat. Torta de maíz. |
| torvo | Dicho en especial de la mirada: Fiera, airada y terrible. |
| turnio | Dicho de un ojo: Torcido. |
| utopía | Plan o proyecto optimista que aparece como irrealizable al formularse. |
| vulnerable | Que puede ser dañado o herido física o moralmente. |